人力资源管理仿真模拟决策

RENLI ZIYUAN GUANLI FANGZHEN MONI JUECE

邓文博 著

·广州·

图书在版编目（CIP）数据

人力资源管理仿真模拟决策/邓文博著. —广州：华南理工大学出版社，2020.2
ISBN 978-7-5623-6264-7

Ⅰ.①人… Ⅱ.①邓… Ⅲ.①人力资源管理-决策支持系统 Ⅳ.①F243

中国版本图书馆 CIP 数据核字（2020）第 027316 号

人力资源管理仿真模拟决策
邓文博 著

出 版 人：	卢家明
出版发行：	华南理工大学出版社
	（广州五山华南理工大学 17 号楼，邮编 510640）
	http://www.scutpress.com.cn　E-mail：scutc13@scut.edu.cn
	营销部电话：020-87113487　87111048（传真）
策划编辑：	毛润政
责任编辑：	王　倩
印 刷 者：	广州永祥印务有限公司
开　　本：	787mm×960mm　1/16　印张：8.25　字数：131 千
版　　次：	2020 年 2 月第 1 版　2020 年 2 月第 1 次印刷
定　　价：	25.00 元

版权所有　盗版必究　印装差错　负责调换

内容简介

人力资源管理仿真模拟决策训练系统是用计算机技术，将企业的人力资源管理和其他部门的运作关系虚拟仿真出来，各项业务与真实企业的经营基本一致。在人力资源管理仿真模拟决策课程中，学生通过角色扮演训练人力资源管理技能。这种训练方式可以让学生有机会在仿真模拟现实环境中演练他们学到的各种理论知识，充分体验人力资源规划、人员招聘与配置、员工培训与发展、员工薪酬与绩效管理的全部过程，熟悉人力资源管理日常工作内容，掌握人力资源管理工具、方法和技巧。

本书包括人力资源管理仿真模拟决策课程认知、人力资源规划、人员配置管理、招聘与辞退管理、人员培训管理、运营管理、薪酬与绩效管理、人力资源管理仿真模拟决策分析8个项目。

本书是人力资源管理仿真模拟决策大赛的指导书，也可以作为高等院校、职业院校的教学用书。

前言

近年来，教育部出台了一系列教育教学改革和行动计划文件，积极推进虚拟仿真技术的应用，提升实践教学的信息化水平。教育部办公厅根据《教育信息化"十三五"规划》的总体部署，印发了《2018年教育信息化和网络安全工作要点》文件（教技厅〔2018〕1号），提出实现教育信息化的升级，充分发挥对教育现代化的支撑和引领作用，再次掀起了教育信息化的高潮。《教育部办公厅关于2017—2020年开展示范性虚拟仿真实验教学项目建设的通知》（教高厅〔2017〕4号）决定：在高校实验教学改革和实验教学项目信息化基础上，开展示范性虚拟仿真教学项目建设工作。《教育部关于推进高等职业教育改革创新引领职业教育科学发展的若干意见》（教职成〔2011〕12号）、《现代职业教育体系建设规划（2014—2020年）》（教发〔2014〕6号）提出：推进现代化教学手段和方法改革，推进信息化平台体系建设，在专业课程中广泛使用计算机仿真教学、数字化实训、远程实时教育等技术。《高等职业教育创新发展行动计划（2015—2018年）》（教职成〔2015〕9号）提出：在现场实习安排困难或危险性高的专业领域，开发替代性虚拟仿真实训系统。

人力资源管理技能是管理人员的核心能力，不仅是人力资源管理专业、企业管理专业学生的必备技能，亦是其他经济管理类专业需要培养的重要技能。然而受限于企业岗位数量及出错的机会成本，企业提供全面训练学生人力资源管理技能真岗实习的机会较少，学生难以通过顶岗方式有效训练相关技能。传统的人力资源管理课堂，相对偏理论教学，难以系统模拟、重现人力资源管理的整个流程及决策情景，限制了教学效果的发挥。

仿真模拟实训系统是解决传统教育不足的有效手段，高校经管类专业开始大力开展仿真模拟教学，高校人力资源管理技能训练也越来越多地借助于人力资源管理仿真模拟训练系统。在此背景下，人力资源管理仿真模拟决策训练是强化、提高学生人力资源管理技能的最有效途径之一。然而，目前市场上针对人力资源管理仿真模拟决策训练系统开发的教材较少，限制了教学效果的进一步提高。为更好地指导学生开展人力资源管理仿真模拟决策实操训练，高校急需开发针对性强的、适合学生学习的新形态图书。

本书作者与赛创新港（北京）科技有限公司合作，在中国管理现代化研究会决策模拟专业委员会专家指导下，基于BizSim人力资源管理仿真模拟决策训练系统，结合企业人力资源管理真实案例，突出人力资源管理的知识和技能训练，撰写了本书。本书是配合BizSim人力资源管理仿真模拟决策训练系统的指导书，并作为全国人力资源管理仿真模拟决策大赛的指定参考书，同时可作为人力资源管理仿真模拟实训课程的教学用书。

本书是广东省教育科学规划课题"经管类跨专业实践教学模式的研究与探索——基于多层次虚拟仿真训练提升学生综合能力"（课题编号：2017GGXJK064）的成果，由邓文博副教授和白迎超副教授共同撰写，邓文博负责全书大纲制定和全书统稿工作。

由于作者水平有限，书中难免出现错漏，敬请读者批评指正。

编　者
2019年12月

目 录

项目一　人力资源管理仿真模拟决策课程认知　1
　　任务一　人力资源管理仿真模拟决策课程简介　2
　　任务二　人力资源管理仿真模拟决策规则　9
　　任务三　人力资源管理仿真模拟决策训练系统功能模块　20

项目二　人力资源规划　41
　　任务一　人员需求预测　42
　　任务二　人员供给预测　50

项目三　人员配置管理　55
　　任务一　管理人员配置　56
　　任务二　销售部和生产部人员配置　60

项目四　招聘与辞退管理　63
　　任务一　人力资源辞退决策　64
　　任务二　人力资源招聘管理　66
　　任务三　人力资源晋升管理　72

项目五　人员培训管理　74
　　任务一　培训需求分析　75
　　任务二　培训工作的组织　77

人力资源管理仿真模拟决策

项目六　运营管理　81
　　任务一　生产与采购管理　82
　　任务二　销售决策　84

项目七　薪酬与绩效管理　87
　　任务一　薪酬管理决策　88
　　任务二　绩效管理决策　93
　　任务三　薪酬结算　97

项目八　人力资源管理仿真模拟决策分析　101
　　任务一　评分指标分析　102
　　任务二　人员效益分析　105

附录1　教师端操作指南　110
附录2　人力资源管理仿真模拟决策训练系统赛区使用申请表　124

项目一

人力资源管理仿真模拟决策课程认知

> 人力资源管理仿真模拟决策课程以企业案例为基础,依托以仿真模拟技术为手段的教学工具,通过角色扮演训练学生人力资源管理技能。这种训练方式让学生有机会在复杂的模拟现实环境中演练他们学到的各种理论知识,充分体验人力资源规划、人员招聘与配置、员工培训与发展、员工薪酬与绩效管理的全部过程,熟悉人力资源管理日常工作内容,掌握常用人力资源管理的工具、方法和技巧。

任务一　人力资源管理仿真模拟决策课程简介

【任务导入】

学习人力资源管理仿真模拟决策课程，要先了解人力资源管理仿真模拟决策训练系统，熟悉课程的特点和内容。

【知识链接】

一、BizSim 人力资源管理仿真模拟决策训练系统简介

仿真模拟教学是在20世纪80年代初从美国引入中国的，当时中、美两国政府在大连合作构建了MBA教育体系，美国教学团在教学中采用案例教学和仿真模拟教学法。此后，国内的管理学院纷纷从国外引入或自主研发企业经营模拟教学软件，用于工商管理人才的培养。其中北京大学张国有、王其文教授在1983—1997年之间开发了企业经营模拟软件，经过多个版本的修改，于1997年5月通过技术鉴定，正式命名为"企业竞争模拟系统"，英文简称为"BUSIMU"。从2001年起，全国MBA培养院校企业竞争模拟比赛开始使用该软件，至2019年该比赛已经连续进行了18届。

在王其文教授的指导下，赛创新港（北京）科技有限公司与北大创新研究院在BUSIMU的基础上开发了BizSim企业竞争模拟系统，增加了软件的图形界面功能、辅助决策功能、数据表格化功能等。该软件于2009年开始应用于全国高校企业竞争模拟大赛，至2019年该比赛已成功举办了11届。2011年由中华人民共和国教育部主办的"2011中国－东盟青年创新大赛"中的管理模拟项目比赛也使用了该模拟系统。

赛创新港（北京）科技有限公司针对人力资源课程开发了BizSim人力资源管理仿真模拟决策训练系统，该系统对生产模型和市场模型进行了合理的假设，突出人力资源管理的知识和技能，是目前国内仿真程度最高的人力资源管理模拟决策训练系统之一。BizSim人力资源管理仿真模拟决策训练系统主要特点如下：

1. 仿真程度高

BizSim 人力资源管理仿真模拟决策训练系统是基于真实的企业案例开发的仿真模拟系统，其工作流程、工作任务、工作场景与现实企业的人力资源管理和运营管理吻合度高。

2. 系统操作简单便捷

BizSim 人力资源管理仿真模拟决策训练系统是基于互联网的模拟系统，用户端不需要安装程序，只要有浏览器就可以操作。学生注册后，可以自行通过人机对战功能进行练习。系统操作人性化，具有决策提醒功能，让学生把注意力集中在企业管理决策上而不是在系统操作上。教师开设比赛或对学生进行训练非常简便，系统提供了默认的场景，教师在开始比赛前调整场景参数也极为方便。

3. 遵循市场与经济规律

BizSim 人力资源管理仿真模拟决策训练系统仿真模拟了玩具企业的真实环境，其运作遵循市场和经济规律。生产人员按照工时定额完成生产任务；增加营销人员可以提高公司的销售能力，但是因为存在内部竞争，其效果符合边际效应递减规律。

4. 综合运用人力资源知识和技能

为了符合培养应用型人才的要求，在 BizSim 人力资源管理仿真模拟决策训练系统开发的过程中，更注重人力资源管理知识和技能的综合应用，让学生在模拟经营的过程中，充分运用人力资源规划、人员招聘、人员配置、薪酬绩效的知识和技能。

5. 具有复盘和观摩功能

BizSim 人力资源管理仿真模拟决策训练系统具有回退复盘的功能，一方面便于教师进行复盘点评，另一方面可以满足学生"如果……那么……"的想法，让他们体验假如某期做了什么决策，经营结果会发生什么改变，从而获得更丰富的模拟实战体验。同时，系统具有观摩比赛功能，学生以旁观者的身份观摩比赛的公共信息，可以分析参赛队伍的大致经营策略，进而获得人力资源管理能力的提升。

二、人力资源管理仿真模拟决策课程特点

人力资源管理仿真模拟决策课程是一门集理论与实践于一体的综合型课程，该课程通过让学生扮演虚拟企业人力资源管理岗位的角色，在分析企业经营环境和竞争对手情况的基础上，综合运用所学人力资源管理知识与技能进行仿真模拟决策，从而达到训练学生的人力资源管理技能、巩固学生的人力资源管理知识的目标。具体说来，本课程的主要特点如下：

1. 体现学生的主体性

本课程与其他许多课程的不同之处在于：本课程真正让学生成为学习的"主体"。在课程中，学生的角色模拟能让学生对自己的"工作"尽心尽力，通过互相交流，分析人才需求和供给情况、制订人力资源规划、开展人力资源管理等，每个环节都细致入微，从而对这种通过亲身体验获得的知识印象深刻。这种仿真模拟让学生有了"试错"的机会，学生从自己的成功和错误中学习和提升，但又不会给企业和自身造成任何经济损失。

2. 对抗性能提升学习的主动性

人力资源管理仿真模拟决策课程中，学生扮演的企业管理团队，在同一环境中进行对抗训练，可以激发参与者的竞争热情，提升学生的学习动机。在对抗训练中，学生强烈的求胜欲望和不甘落后的心态，促使他们积极去探索新的知识、寻找新的方法和工具，从而达到意想不到的学习效果。正如王其文教授说的："百闻不如一见，百见不如一练，百练不如一战。"

3. 提升人力资源管理技能，拓展知识体系

人力资源管理仿真模拟决策课程通过模拟实操，可以使学生在人力资源规划、招聘管理、人员配置管理、薪酬管理、绩效管理等方面得到实际锻炼。人力资源管理是为经营服务的，在模拟经营中，管理团队将面对如下两个问题：第一，如何让现有的人力资源在生产经营中发挥最大的作用，提高企业生产经营效益；第二，如何通过制订有效的人力资源规划，实现企业长期人力资源的最优化配置，让企业获得长期最优效益。在人力资源管理仿真模拟决策课程训

练的过程中,管理团队需要解决企业生产运营的问题,需要运用市场营销、生产管理和战略管理等方面知识来解决这些问题,这进一步拓宽了学生的知识体系。

4. 提升学生的综合素质

人力资源管理仿真模拟决策课程的另外一个特点是可以提升学生的综合素质。在模拟对抗中,学生体会到团队成员之间紧密协作、相互信任的重要性,认识到只有积极沟通、协同作战才能获胜,培养了他们的团队精神。同时在仿真的环境中与竞争对手博弈时,会遇到很多意想不到的问题,学生要学会面对失败与挫折、面对突如其来的变化,同时必须积极应对,找出解决问题的思路和方法。在这个过程中,提升了学生的心理素质、应变能力和分析与解决问题的能力。

三、 人力资源管理仿真模拟决策课程管理团队组建

在人力资源管理仿真模拟决策课程中,管理团队一般包括总经理、运营经理、人力资源经理、薪酬绩效主管和招聘培训主管等。团队组建时必须做好分工,分工一般要符合每个人的特点,实现团队成员与角色能力相匹配,并尽量做到用人所长。虚拟企业的主要岗位职责分工如下:

1. 总经理

总经理作为虚拟企业最高行政管理领导人,对企业全局业务全面负责。总经理的主要工作是带领团队共同决定企业人力资源管理的重要事项并进行长远规划,当大家的意见相左时,由总经理做出最终决策。

2. 运营经理

运营经理负责计划、指导或协调企业的运营活动,其职责包括制订政策、管理日常活动、对物资和人力资源的使用进行规划。具体任务包括指导、协调采购、生产、销售等商业活动。

3. 人力资源经理

人力资源经理全面负责人力资源部门的工作,制订人力资源的战略规划,督促企业人力资源战略的执行,组织制订企业人力资源需求计划,负责员工的

晋升和工作调动，建立畅通的沟通渠道和有效的激励机制。

4. 薪酬绩效主管

薪酬绩效主管协助制订有竞争力的薪酬体系，制订和完善并监督执行企业考核体系和规范；根据绩效评价结果实施对员工的奖惩工作；组织实施绩效评价面谈；核算员工的薪酬和奖金；协助上级完成其他相关绩效管理工作。

5. 招聘培训主管

招聘培训主管负责制订和完善企业的招聘管理和培训管理制度，负责招聘渠道的维护并根据人力资源需求计划招聘员工；负责培训员工，以提高员工的素质、能力和企业归属感，提高员工满意度。

以上每一个职务对于企业来说都是至关重要的，所以在合理分工的基础上，还要注意做到分工合作，因为企业经营过程中各岗位存在交互协作关系，所以在经营过程中加强沟通、保持密切的配合是十分必要的。团队负责人在组建团队前要认真考查每个成员的特长以安排合适的岗位，并告知大家团队的最终目标和每位成员各自的使命，以及在工作中互相配合的原则，同时确定每个成员都清楚团队的目标。团队负责人也要重视沟通技巧，运用多种沟通方式与团队成员沟通，增强团队凝聚力。

四、人力资源管理仿真模拟决策课程流程

人力资源管理仿真模拟决策课程以每个月份为一个经营决策期，一般比较完整的模拟过程需要完成4～8期的经营决策，其基本流程如图1-1所示。

1. 模拟开始，学生分组

赛区管理员新建比赛时，可以选择"现场教学"或"学科竞赛"，选择"学科竞赛"创建的比赛，学生先使用各自注册账号登录系统，再报名参加比赛；选择"现场教学"创建的比赛，系统自动产生企业账号，教师把这些账号发给学生，学生可以使用这个账号和"BizSim"密码登录系统参加比赛。学生分成若干个经营团队，每个团队由3～5名学生组成，团队数量应等于或少于系统产生的团队数量。

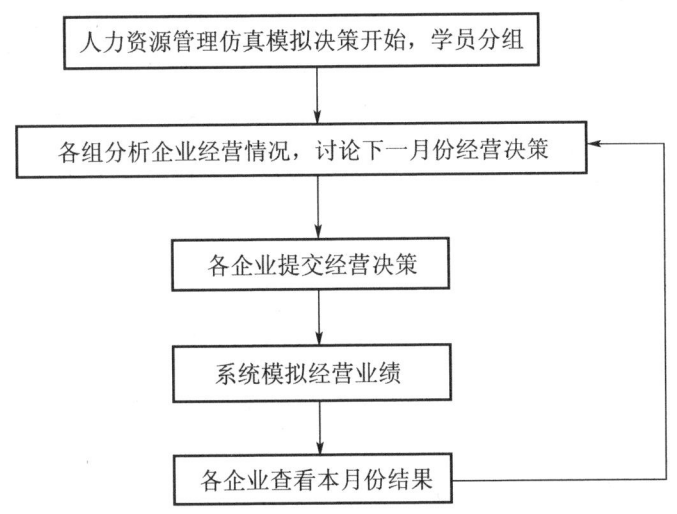

图 1-1 人力资源管理仿真模拟决策课程的基本流程

2. 分析数据,讨论决策

学生在进行决策前应分析模拟场景的相关数据,并在此基础上讨论决策,一般包括如下几个步骤:

(1) 熟悉模拟规则

为了更好地训练学生在不同场景的决策能力,开始比赛前,系统管理员可以调整比赛的场景规则,这些规则会直接影响人力资源决策。在模拟经营中,如果违反了模拟规则,系统将提示提交了不可行的决策,决策无法继续执行。所以,在进行决策之前务必先熟悉模拟规则。如因为时间紧急无法熟悉全部规则,则最少应该熟悉与自己岗位相关的模拟规则。

(2) 查看公共信息

通过查看公共信息,可以了解竞争环境。公共信息中,"生产、销售和利润报表"可以查看各企业的生产数量、销售数量和利润情况等,可以为本企业制订经营战略提供重要的参考;"主要数据报表"可以查看各企业的主要数据,包括股东权益、本期净利润、每元工资净利润、人均净利润、员工留存率、生产效率、产品合格率等信息,可以通过这些公共数据分析各企业的经营状况,找到竞争的突破口;"人员情况表"可以查看各企业各级别员工的数量,可以为本企业是否扩大人员规模等提供参考;"综合评分排名"是一个汇总列表,包括所有评价指标的排名情况。

(3) 查看企业内部信息

查看企业内部信息可以发现竞争优势和存在问题。企业内部信息中,"人员情况表"记录本企业所在月份各部门和各级别员工数量;"现金记录表"记录当期的现金收支情况;"费用核算表"主要反映当期各项费用的核算情况;"利润表"为当期的利润报表;"资产负债表"为当期期末的资产、负债和所有者权益的报表;"人员变动表"记录了员工晋升、流失、留存率、招聘人数等信息;"员工工资报表"是各部门各级别员工的工资汇总表;"工资代扣表"是员工代扣养老保险、住房公积金和个人所得税的情况;"成品库存"记录了期末产成品库存的数量和价值。

(4) 根据市场信息讨论和制订决策

总经理召集决策讨论会,根据模拟规则,从外部信息和内部信息综合分析,制订企业的经营计划和人力资源规划等。

3. 各企业提交决策方案

通过充分讨论、反复修正,最终形成企业的决策方案,并按照系统的决策流程依次提交决策方案。提交决策方案时应注意检查,千万不要输入错误的数据。

4. 系统模拟

所有企业提交完决策后,赛区管理员点击"查看决策",确认所有企业的决策均在系统中填写完成,点击"模拟",经过几十秒钟,完成模拟。

5. 查看结果并进入下一期

模拟完成后,学生可以查看当期的各项报表,并进入新的一期,如此循环操作4~8期。

任务二　人力资源管理仿真模拟决策规则

【任务导入】

BizSim 人力资源管理仿真模拟决策训练系统将生产玩具产品的制造企业用计算机技术虚拟仿真出来,各项业务与真实企业的经营基本一致。在仿真商业环境里,有 2~20 家制造玩具的企业参与市场竞争。在人力资源管理仿真模拟决策过程中需要遵循和利用相应的规则,为此在课程开始时熟悉和掌握规则显得尤为重要。

【知识链接】

一、概述

人力资源管理仿真模拟决策过程中,参与竞争的企业每月提交一期决策,仿真场景给出了某年 3 月份的经营数据,企业需要对未来的月份做出理性的决策,完整的经营竞争过程需要提交 4~8 个月的决策。你所在的团队将接管其中一家企业,分别扮演总经理、人力资源经理、招聘培训主管、薪酬绩效主管、运营经理(生产与销售)等岗位。你们的任务是在分析企业上月的人力资源数据和运营数据基础上制订企业本月的决策,决策的内容包括人力资源规划、薪酬设计、招聘、培训、人员配置、绩效管理、财务管理和运营管理等工作。

企业做决策时应综合分析本企业的现状、历史状况、经营环境以及其他企业的信息,综合运用人力资源管理知识和方法,结合经济学基础、财务管理、运营管理等综合知识,发挥管理团队的集体智慧与创造精神,通过对企业人力资源的合理调配,达到企业长期效益最大化的目标。

二、企业基本情况

1. 人员级别与工资

企业通过人力资源的安排来进行运作,在仿真商业环境之中,工人分为七个级别,分别为初级工人、中级工人、高级工人、职员级、主管级、经理级、总经理级;每一个职级都有对应的职务。企业人员的级别、职务、基准工资和初始人数的规则如表1-1所示。

表1-1 企业人员级别、职务、基准工资和初始人数

级别	职级	职务	基准工资（元/月）	初始人数（人）
1	初级工人	工人	2000.00	30
2	中级工人	工人	2200.00	10
3	高级工人	工人	2400.00	6
4	职员	财务行政人事、生产优化、采购、销售	3500.00	10
5	主管	部门、车间、采购、市场日常管理	5000.00	8
6	经理	部门统筹管理	7000.00	6
7	总经理	总经理	10 000.00	1

2. 企业的初始状况

虚拟企业初始的普通股本、厂房价值和期末现金如表1-2所示。

表1-2 企业初始状况

厂房价格（元）	1 000 000.00
普通股本（元）	10 000 000.00
第0期末现金（元）	6 250 000.00

虚拟商业环境中,企业所得税税率、贷款利率、养老保险缴费比例、住房公积金缴费比例、日常管理费用、平均人员留存率、平均产品合格率如表1-3所示。

表1-3 企业主要管理数据设置

项　目	数　值	计算依据
所得税税率（%）	25.00	税前净利润
贷款利率（%）	0.50	每月
长期贷款额度（%）	50.00	上期所有者权益
短期贷款额度（%）	50.00	上期总资产
养老保险企业缴费（%）	10.00	基本工资
养老保险个人缴费（%）	8.00	基本工资
住房公积金企业缴费（%）	10.00	基本工资
住房公积金个人缴费（%）	10.00	基本工资
管理费用（元）	100 000.00	每月
平均人员留存率（%）	85.00	
平均产品合格率（%）	90.00	
每人每月工时（小时）	200.00	

3. 财务行政人事部人员数量

财务部、行政部、人事部统称为财务行政人事部，其人员为固定配置，在虚拟经营期内人员不流失。虚拟企业的财务行政人事部的职员、主管和经理在经营期内的人数要求如表1-4所示。

表1-4 虚拟企业财务行政人事部人数要求

财务行政人事部职员（人）	6
财务行政人事部主管（人）	3
财务行政人事部经理（人）	3

三、运营部人员工作效率

1. 运营部的人员流失

生产部、采购部、销售部统称为运营部，运营部每月均有一定人员流失，流失人员中一部分为正常退休人员，另外一部分是对薪酬待遇不满或缺乏忠诚度而离开企业的。适当提高工资待遇和加强企业文化培训能提升员工留存率。

2. 生产部人员效率

生产部工人每月工作时间为 200 小时,分为初级工人、中级工人和高级工人,各级别工人的生产效率如表 1-5 所示。

表 1-5 生产部各级别工人的生产效率

	生产效率(%)
初级工人	70.00
中级工人	85.00
高级工人	100.00

生产部经理为常设岗位,生产部下设 1～4 个车间,每个车间常设车间主管 1 人,生产部职员 1 人,如果职员、主管、经理不在岗,则会因为管理不善,导致生产效率降低,具体规则如表 1-6 所示。

表 1-6 生产部管理人员的设置和缺岗生产效率

	职位说明	配置说明	缺岗生产效率(%)
经理	部门经理	常设,缺岗会令生产效率降低	80.00
主管	车间管理	常设,缺岗会令生产效率降低	50.00
职员	生产优化	常设,缺岗会令生产效率降低	80.00

3. 采购部人员效率

在虚拟企业中,采购部人员要能按生产需要采购原材料,并能及时供应生产,适当增加采购人员数量能提升企业供应商开发和议价能力,并获得采购价格优惠,采购人员最大数量为 20 人,具体规则如表 1-7 所示。

表 1-7 采购部人员议价能力

系数 K_1	采购人员数量	0	1	2	N
0.02	采购价格系数	1.10	1.00	0.98	$(1-0.02)\wedge(N-1)$

注:系统允许采购人员最大数量为 20 人,如果采购人员数量为 0 人,采购价格上升 10%。

采购部经理和主管为常设岗位,如果缺岗会导致管理不善,最终令采购的单价上升,具体规则如表 1-8 所示。

表1-8 采购部管理人员的设置和缺岗采购效率

	职位说明	配置说明	缺岗采购效率（%）
经理	采购部门统筹管理	常设，缺岗会令采购价格上升	50.00
主管	采购部门日常管理	常设，缺岗会令采购价格上升	30.00

4. 销售部人员效率

虚拟企业可以在东部、西部、南部和北部市场销售产品，市场不需要开发，但是每个市场必须配置销售人员才能销售产品。增加销售人员能有效增加产品的销售量，但是同一市场存在内部竞争，所以增加销售人员对销售效果的影响是边际效应递减的，具体如表1-9所示。

表1-9 销售人员营销效果

系数 K_2	销售人员数量	0	1	2	N
1.00	销售订单倍数	0.00	1.00	1.69	$1 + 1.00 * \ln(N)$

*注：其中 ln（ ）为自然对数，以 e≈2.718281828 为底数。

销售部经理为常设岗位，在企业需要销售产品的市场应配置区域主管1名，如果销售部的主管、经理不在岗，则会因为管理不善，导致销售效率降低，具体规则如表1-10所示。

表1-10 销售部管理人员的设置和缺岗销售效率

	职位说明	配置说明	缺岗销售效率（%）
经理	销售部门统筹管理	常设，缺岗会令销售效率降低	80.00
主管	销售部门日常管理	常设，缺岗会令销售效率降低	50.00

四、人力资源规划

企业每月初应根据总体经营目标编制运营部的人力资源规划，为企业整体长期经营做准备。其中生产部人员会影响企业的生产品种和产能，销售部人员会影响企业的销售市场和销售能力；采购部人员会影响企业的原材料采购单价。人力资源规划就是要实现资金、人员、产品及市场的长期平衡。

五、 招聘、辞退规则

在仿真商业环境中，虚拟企业需要根据经营目标和人力资源规划，来增加或减少各部门和各级别的人员。增加人员可进行招聘决策，如果招聘成功，人员在当月末到企业报到，企业可以在下月初把到岗员工配置到对应的部门和岗位，并开始支付薪酬。招聘分为两种方式，一种是人才市场招聘，一种是猎头招聘。企业一次性支付固定的费用后可以进入人才市场招聘，每月在人才市场计划招聘的人数不能超过企业上期期末实有人数。人才市场会提供本期市场各级别人员供应总人数，其中初级工人供应在经营期内可以随时满足企业的需求。企业可在系统中填入各级别人员需招聘人数，但是除了初级工人以外，其他岗位的人员能否成功招聘，受人才供应总数、虚拟企业的薪酬和盈利能力影响。猎头招聘只提供职员级、主管级、经理级的人员，招聘费用为每人收取一次费用，不同级别员工的猎头招聘费用不同，猎头招聘人员月底能全部到位。

虚拟企业人员过多，可以进行辞退决策，辞退员工需支付每人 10 000 元的辞退费用。人员招聘和辞退的具体费用如表 1-11 所示。

表 1-11 人员招聘与辞退费用

	费 用	备 注
人才交流中心招聘费用（元/次）	10 000.00	招聘人数不限，能否招聘成功受人才供应总数、虚拟企业的薪酬和盈利能力影响
猎头招聘职员（元/人）	15 000.00	确保人员月底到位
猎头招聘主管（元/人）	18 000.00	确保人员月底到位
猎头招聘经理（元/人）	20 000.00	确保人员月底到位
辞退费用（元/人）	10 000.00	辞退立即生效
招聘权重基本工资与企业净利润的比值	1.00	比值越大，基本工资越重要；比值越小，企业净利润越重要

人才市场的人员供应呈一定的季节周期变化，其季节变化系数如表1-12所示，系数越小，说明人员供应的数量越少。

表1-12　人才市场人员供应的季节变化系数

	1月	2月	3月	4月	5月	6月	7月	8月	9月	10月	11月	12月
系数	1.00	1.00	1.00	0.90	0.90	0.90	0.80	0.80	0.80	0.60	0.60	0.60

六、培训、晋升规则

1. 培训规则

企业在自身发展的过程中也要注重员工的培训，培训分为企业文化培训和晋升培训两种方式。企业文化培训可增强员工对企业的认同感，降低员工流失率，培训对象为全体员工，培训形式为在职培训。晋升培训可提升内部员工的工作能力，使其获得晋升机会。企业通过晋升培训培养储备干部，可以避免因人才市场招聘不成功带来的经营损失或因大量的猎头招聘产生高额招聘费用。晋升培训对各级别的员工要求不同，分为两类，一类是初级工人和中级工人的晋升培训，培训形式为在职培训；另一类是高级工人、职员、主管的晋升培训，培训形式为脱产培训，具体规则如表1-13所示。

表1-13　企业培训规则

培训类型	培训对象	培训形式	人均培训费用（元/人）
企业文化培训	全体员工	在职培训	20.00
晋升培训	初级工人、中级工人	在职培训	2 000.00
	高级工人、职员、主管	脱产培训	10 000.00

注：企业文化培训的人均培训费用为行业平均水平，企业的决策可以高于或低于行业平均水平，低于平均水平时效果较差；晋升培训的费用则按标准和人数收取。

2. 晋升规则

企业需要不同级别的工人时，可以进行外部招聘或进行员工内部晋升，对上期或以前完成晋升培训的人员，本期可以决策是否晋升为上一级别的员工。

如果完成晋升培训、具备晋升资格的员工没有获得晋升，其流失的概率会大于不具备晋升资格的员工。

七、人员配置规则

在进行采购、生产、销售之前，需进行人员配置，分为管理人员配置、生产部人员配置、销售部人员配置。系统会显示企业目前拥有各级别人员数，分配人数不能超过总人数，职员、主管、经理级别的人员在岗会提升各部门的效率。具体操作如下：

1. 管理人员配置

将职员级、主管级、经理级的人员配置到财务行政人事部、生产部、采购部、销售部等部门。

2. 生产部人员配置

共有4个生产车间，每个车间可以混合配置初级工人、中级工人、高级工人，每个车间工人数不能超过150人；每个车间可以分别安排1个职员、主管在岗或者不在岗；4个车间共有1个经理在岗或者不在岗。

3. 销售部人员配置

共有4个市场，每个市场可以配置任意数量的职员作为销售人员；每个市场可以分别安排1个主管在岗或者不在岗；4个市场共有1个经理在岗或者不在岗。

八、薪酬与绩效管理规则

1. 薪酬管理规则

虚拟企业在每一期的期末都需要对下一期每个级别员工的基本工资进行决策，工资的高低将直接影响招聘的成功率和现有员工的流失率。下期工资决策不能低于基准工资。

2. 个人所得税代缴规则

虚拟企业在核算工资时需要扣缴个人所得税、企业和个人应交的社保基金、企业和个人应交的住房公积金,其中个人所得税按照表1-14的规则缴交。

表1-14 个人所得税缴交规则

个税免征额(元)		5 000.00	
级数	全月应纳税所得额(元)	税率(%)	速算扣除数(元)
1	5 000.00 ~ 8 000.00	3.00	0.00
2	8 000.00 ~ 17 000.00	10.00	210.00
3	17 000.00 ~ 30 000.00	20.00	1410.00
4	30 000.00 ~ 40 000.00	25.00	2660.00
5	40 000.00 ~ 60 000.00	30.00	4410.00
6	60 000.00 ~ 85 000.00	35.00	7160.00
7	85 000.00 以上	45.00	15 160.00

说明:每个扣税级别不含下限数,含上限数,例如5000~8000元,不含5000元,含8000元。

3. 绩效管理规则

虚拟企业每月根据经营情况,可为各级别员工发放绩效工资,决策时填入拟发放绩效工资总额,再调整各级别员工的绩效系数,系统根据人员总数自动计算每个员工的绩效工资额,并根据合计情况适当微调绩效工资总额。在确定各级别员工绩效系数时,要保证级别高的员工的绩效工资系数大于或等于级别低的员工的绩效系数。

九、运营规则

1. 产品规则

虚拟环境中,企业可以生产塑胶玩具、电子玩具、智能玩具和仿真智能玩具,产品结构规则如表1-15所示。

表1-15 产品结构规则

	塑料件/个	电子组件/个	智能芯片/个	仿真器/个
塑胶玩具	1	0	0	0
电子玩具	1	1	0	0
智能玩具	1	1	1	0
仿真智能玩具	1	1	1	1

产品的生产工时与销售价格如表1-16所示。

表1-16 产品生产工时和销售价格

	标准生产工时（小时/件）	销售价格（元/件）
塑胶玩具	1.00	75.00
电子玩具	2.00	120.00
智能玩具	4.00	190.00
仿真智能玩具	5.00	240.00

2. 采购管理

根据生产部门的生产计划和企业的发展规划，采购部门能自动采购足够的原材料用于生产产品，增加采购部门的人员数可以提高供应商开发能力和议价能力，降低原材料采购成本。原材料采购的基准价格如表1-17所示。

表1-17 原材料采购的基准价格

原料	塑料件	电子组件	智能芯片	仿真器
单价（元/个）	20.00	15.00	20.00	15.00

3. 生产管理

现有企业一共有4个生产车间，管理者需要选择车间生产的产品，每个车间在同一个月只能生产一种产品类型，无法同时生产多个产品类型。企业生产数量不能大于生产能力，企业生产出来的产品存在一定比例的不合格品，不合格品不能销售，只能报废，产品的合格率受企业绩效工资的影响。

车间生产能力的计算方法为：

生产能力 = 各级别工人有效工时总和 × 职员、主管、经理管理效率/生产产品单位工时

4. 销售管理

仿真商业环境市场分为东部市场、南部市场、北部市场、西部市场，各市场有统一的售价，可以把生产部生产的合格品数量和库存数量分配到各个市场进行销售，各产品4个市场的实际销售量不能大于该市场最大销售量，总和也不能大于该产品的当期合格品数与上期库存品数之和。市场的最大销售量受销售职员数量的影响，增加销售职员可以增加最大销售量，销售部的主管和经理缺岗则会导致最大销售量较大幅度减少。

市场的需求可能存在季节变化因素，具体如表1-18所示。

表1-18 市场需求的季节变化因素

	1月	2月	3月	4月	5月	6月	7月	8月	9月	10月	11月	12月
系数	1.00	1.00	1.00	1.00	1.00	1.00	1.00	1.00	1.00	1.00	1.00	1.00

十、评分规则

每期结束后，系统根据各企业的经营业绩评定一个综合成绩。为了多方位考查学生的综合能力，系统设置了多项评分指标，可以由裁判自主选择并设定评分权重。具体包含以下指标：上期分数、股东权益、本期净利润、每元工资净利润、人均净利润、员工留存率、生产效率、产品合格率。评分权重如表1-19所示。

表1-19 评分指标和权重

评分指标	权重（%）
上期分数	20.00
股东权益	20.00
本期净利润	10.00

续上表

评分指标	权重（%）
每元工资净利润	10.00
人均净利润	10.00
员工留存率	10.00
生产效率	10.00
产品合格率	10.00

评定的方法是先按这些指标分别计算分数，再按设定的权重计算出综合评分。每项指标分数算法是先求全部企业该指标的均值，用企业的指标减去均值，再除以该指标的标准差。各项指标如果分数为0，意味着企业的这一指标等于各企业的均值；若分数为正，表示该指标较好；若分数为负，表示该指标不佳。各管理团队应充分利用所学人力资源管理知识经营企业，争取本企业各项指标均达到最优。

任务三　人力资源管理仿真模拟决策训练系统功能模块

【任务导入】

人力资源管理仿真模拟决策课程开始前，需要熟悉和掌握BizSim人力资源管理仿真模拟决策训练系统的功能和操作界面。

【知识链接】

BizSim人力资源管理仿真模拟决策训练系统面向四类用户，分别是系统管理者、赛区管理者、参赛者和浏览者。系统管理者可以开设赛区和关闭赛区，并可以非常便捷地调整场景参数，同时拥有赛区管理者的所有权限；赛区管理者可以开设比赛、管理比赛、组织模拟等，同时具有管理和进入本赛区各个企业的权限；浏览者可查看所有赛区的公共信息；参赛者只有本赛区某个企业的管理权限，除具备浏览者权限外，还可以查看本企业的内部信息和制订本企业的决策。以下以参赛者的身份介绍 BizSim 人力资源管理仿真模拟决策训练系统的功能模块。

一、系统登录管理

1. 进入系统界面

在浏览器输入平台系统的网址：http://hr.bizsim.cn，出现系统登录界面，如图 1-2 所示。

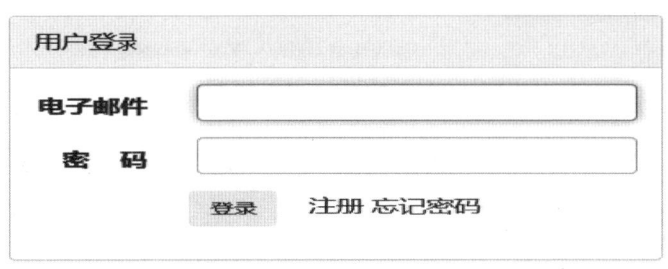

图 1-2　系统登录界面

2. 注册

参赛学生点击"注册"，弹出注册对话框，填写登录电子邮件、昵称、密码等信息后点击"提交"会进入系统并提示"注册成功"。

3. 重置密码

如果忘记密码，可以点击图 1-2 界面中的"忘记密码"，弹出对话框，输入注册的邮箱地址，系统会发送一封邮件到对应的邮箱帮助重置密码。

4. 登录

学生在图 1-2 的登录界面以注册账号或系统自动生成的账号和密码登录系统。系统自动生成的账号密码为 bizsim。

二、团队管理

点击图 1-3 所示系统界面左侧的"我的团队"，如果还没有建立团队，会弹出建立团队指引，如图 1-4 所示，点击"建立团队"，填写团队名称，点击"创建"，建立团队成功。

图 1-3　左侧菜单栏 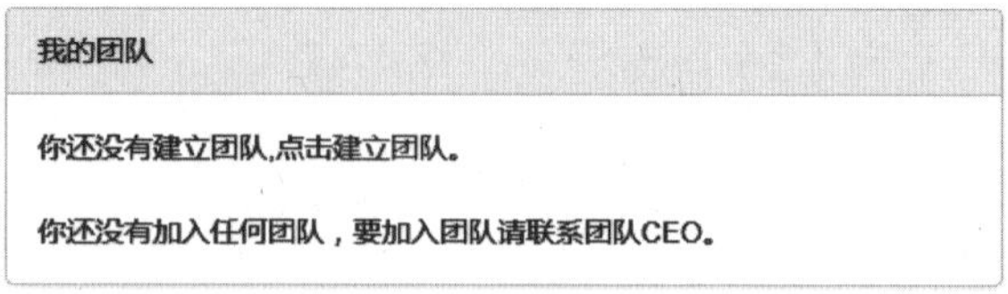　　　　　　　图 1-4　建立团队界面

如果建立了团队，点击"我的团队"弹出团队，可修改团队的名称和变更团队成员，如图 1-5 所示。

图 1-5　我的团队界面

三、报名参赛

点击图 1-3 所示系统界面左侧"参加比赛"下面的"报名参加比赛"，主界面显示赛事列表，如图 1-6 所示。

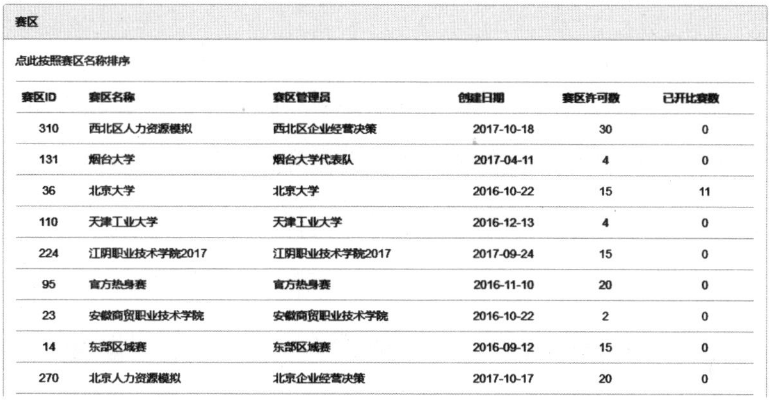
赛区

点此按照赛区名称排序

赛区ID	赛区名称	赛区管理员	创建日期	赛区许可数	已开比赛数
310	西北区人力资源模拟	西北区企业经营决策	2017-10-18	30	0
131	烟台大学	烟台大学代表队	2017-04-11	4	0
36	北京大学	北京大学	2016-10-22	15	11
110	天津工业大学	天津工业大学	2016-12-13	4	0
224	江阴职业技术学院2017	江阴职业技术学院2017	2017-09-24	15	0
95	官方热身赛	官方热身赛	2016-11-10	20	0
23	安徽商贸职业技术学院	安徽商贸职业技术学院	2016-10-22	2	0
14	东部区域赛	东部区域赛	2016-09-12	15	0
270	北京人力资源模拟	北京企业经营决策	2017-10-17	20	0

图1－6　赛事列表界面

点击自己学校所属区域参赛，弹出报名对话框，其中打“＊”为必填项，填写完成后点击“保存”。填写信息后，进入报名参赛界面，如图1－7所示。

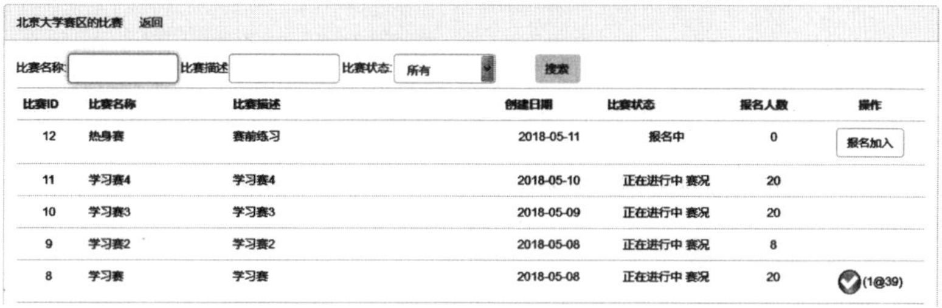
北京大学赛区的比赛　返回

比赛名称：　比赛描述：　比赛状态：所有　搜索

比赛ID	比赛名称	比赛描述	创建日期	比赛状态	报名人数	操作
12	热身赛	赛前练习	2018-05-11	报名中	0	报名加入
11	学习赛4	学习赛4	2018-05-10	正在进行中 赛况	20	
10	学习赛3	学习赛3	2018-05-09	正在进行中 赛况	20	
9	学习赛2	学习赛2	2018-05-08	正在进行中 赛况	8	
8	学习赛	学习赛	2018-05-08	正在进行中 赛况	20	(1@39)

图1－7　报名参赛界面

点击“报名加入”，如果赛区管理员设置了参赛密码，则弹出输入密码提示框（图1－8），输入密码，点击“提交”。如果密码正确，提示“成功加入比赛”。

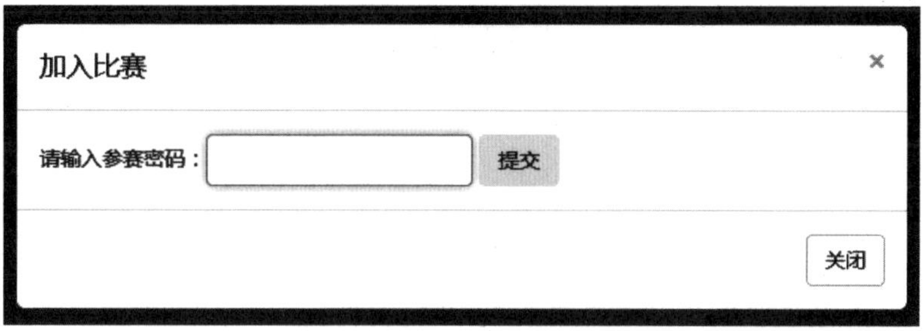

图1－8　输入密码提示框

四、进入比赛

报名成功后，点击图1-3所示系统界面左侧的"我参加的比赛"，弹出如图1-9所示界面，如果赛区管理员没有设置开始比赛，则显示"等待开始"，如果赛区管理员已经设置开始比赛，则显示"进入比赛"。

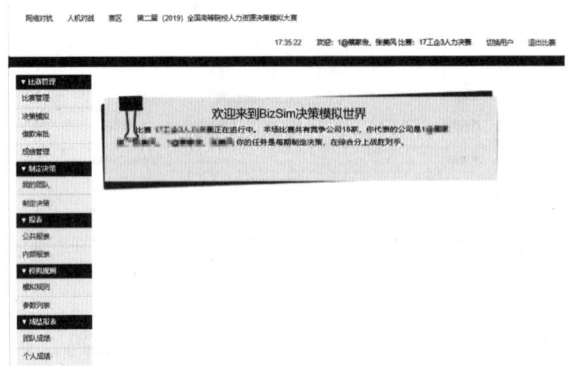

图1-9　进入比赛界面

点击"进入比赛"，跳转到比赛界面，如图1-10所示。

在比赛界面，如果需要退回进入比赛界面，可以点击图1-10左上角的"网络对抗"，或右上角的"退出比赛"，则退回到图1-9所示的进入比赛界面。

五、查看规则

在比赛界面，点击图1-11所示左侧菜单栏的"模拟规则"，可以查看本次比赛的规则。

在比赛规则界面，可以按照顺序查看规则，也可以点

图1-11　菜单栏

击目录查看具体内容，如图1-12所示。规则涉及的参数列表可以点击图1-12中左侧菜单的"参数列表"进行查看。

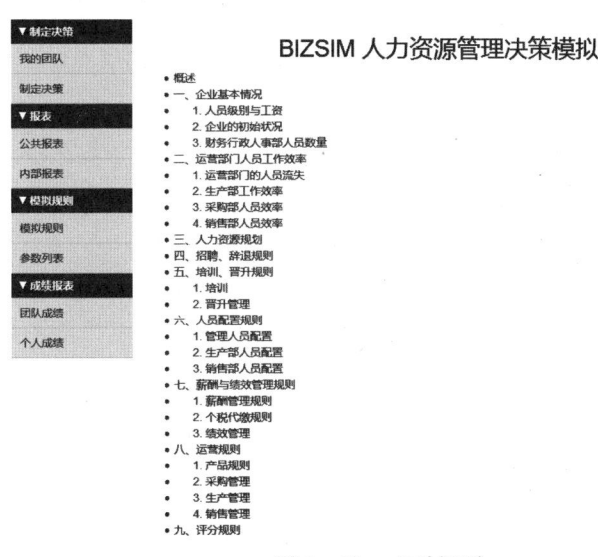

图1-12 查看规则

六、查看报表

1. 查看公共报表

点击图1-12中左侧菜单"报表"下的"公共报表"，可以查看初始月和已经模拟完成月份所有参赛企业的生产、销售和利润报表以及主要数据报表、人员情况表和综合评分排名等信息，如图1-13所示。

序号	公司	塑胶玩具		电子玩具		智能玩具		仿真智能玩具		利润（元）
		生产合格品	销售成品	生产合格品	销售成品	生产合格品	销售成品	生产合格品	销售成品	
1	1@39	6 192	500	0	0	0	0	0	0	-313 585.34
2	2@39	0	0	0	0	1 548	1 250	0	0	-571 619.12
3	3@39	0	0	3 096	600	0	0	0	0	-660 156.59
4	4@39	0	0	3 015	600	0	0	0	0	-645 583.08
5	5@39	6 192	500	0	0	0	0	0	0	-235 754.13
6	6@39	6 192	500	0	0	0	0	0	0	-235 754.13

图1-13 查看公共报表

2. 查看内部报表

点击图1-12左侧菜单栏下的"内部报表",可以查看初始月和已经模拟完成月份本企业的人员情况表、现金记录表、费用核算、利润表、资产负债表、人员变动表、员工工资报表、工资代扣表、成品库存等信息,如图1-14所示。

部门	初级工人	中级工人	高级工人	职员	主管	经理	总经理
财务行政人事部	—	—	—	6	3	3	—
生产部	30	10	6	1	1	1	—
采购部				1	1	1	
销售部				1	1	1	
脱产培训	—	—	—	0	0	—	—
待岗人员	—	—	—	0	0	0	—
总部							1

图1-14 查看内部报表

七、制定决策

1. 进入制定决策界面

点击图1-12中左侧菜单栏的"制定决策",弹出"制定决策"界面,如图1-15所示。

在决策的全部步骤中,紧急借款不是必须执行的,只有在企业破产、资金不能流转的情况下,向赛区管理员申请借款,经赛区管理员同意后款项才能到账。其他的步骤必须按照前后顺序依次进行,而且执行决策后不能修改。

图1-15 制定决策界面

2. 紧急借款

点击"紧急借款"菜单,弹出决策界面,如图1-16所示。在决策框中填写金额,确定后点击"提交紧急借款",在审批状态栏可以看到是否获得批准。

图1-16 紧急借款界面

3. 期初收付

点击"期初收付"菜单,弹出决策界面,如图1-17所示。可以查看期初的财务情况,确认后点击"提交期初收付"。

序号	项目	金额（元）	发生季度	结算季度	状态
0	上期转来现金	6 250 000.00	-	-	-
1	收到紧急借款	0.00	1	1	未申请
2	收到上期应收账款	30 000.00	0	1	已收到
3	支付上期应交税费	0.00	0	1	未支付
4	支付上期工人工资	268 080.00	0	1	未支付
5	归还上期短期贷款本金	0.00	0	1	未支付
6	归还上期紧急借款本金	0.00	0	1	未支付
7	支付应付利息	0.00	0	1	未支付
8	支付本期行政管理费	100 000.00	1	1	未支付
9	支付后现金	5 911 920.00	-	-	-

图 1-17 期初收付界面

4. 筹资决策

点击"筹资决策"菜单，弹出决策界面，如图 1-18 所示。可以查看企业的筹资贷款额度，根据企业自身的财务情况来进行新增贷款。

图 1-18 筹资决策界面

5. 下月销售计划

点击"下月销售计划"菜单，弹出决策界面，如图 1-19 所示。可根据企业自身状况来制订下月的销售计划，根据各个市场的职员分配和岗位的在职情况，来规划下月的销售数量。填写分配人数，选择岗位在职情况，确认后点击"提交下月销售计划"。

下月销售计划	东部市场	南部市场	北部市场	西部市场	合计
销售职员	0	0	0	0	0
销售主管	不在岗	不在岗	不在岗	不在岗	0
销售经理			不在岗		0
销售系数（%）	0.00	0.00	0.00	0.00	—
季节因数			1.00		—
塑胶玩具（件）	0	0	0	0	0
电子玩具（件）	0	0	0	0	0
智能玩具（件）	0	0	0	0	0
仿真智能玩具（件）	0	0	0	0	0

图 1-19 下月销售计划界面

6. 下月生产计划

点击"下月生产计划"菜单，弹出决策界面，如图 1-20 所示。可根据企业自身状况来制订下月的生产计划，根据各车间的生产产品分配计划、人员分配和岗位在职情况，来规划下月生产数量。选择生产产品，填写各车间的员工分配人数，选择岗位在职情况，填写预测合格率，确认后点击"提交下月生产计划"。

下月生产计划	车间1	车间2	车间3	车间4	合计
生产产品	不生产	不生产	不生产	不生产	—
标准工时（时/件）					—
初级工人（人）	0	0	0	0	0
中级工人（人）	0	0	0	0	0
高级工人（人）	0	0	0	0	0
职员	不在岗	不在岗	不在岗	不在岗	0
主管	不在岗	不在岗	不在岗	不在岗	0
经理			不在岗		0
管理效率	32.00%	32.00%	32.00%	32.00%	—
总有效工时（时）	0.00	0.00	0.00	0.00	0.00
最大产能（件）	0	0	0	0	0
预测合格率			0.00 %		
合格产品上限（件）	0	0	0	0	0
计划销售量（件）					

图 1-20 下月生产计划界面

7. 下月人员规划

点击"下月人员规划"菜单,弹出决策界面,如图1-21所示。可根据企业自身状况来制订下月的人员规划,填写预测人员留存率、脱产培训人数、计划晋升人数、采购部人员需求数,确认后点击"提交下月人员规划"。

下月人员规划

级别	职级	现有人数	人力资源规划(下月)				
			下月初人数	下月需求人数	脱产培训人数	计划晋升人数	需招聘人数
1	初级工人	30	0	30	—	0	30
2	中级工人	10	0	10	—	0	10
3	高级工人	6	0	6	0	0	6
4	职员	10	0	8	0	0	8
5	主管	8	0	5	0	0	5
6	经理	6	0	5	—	—	5
7	总经理	1	0	1	—	—	1

预测人员留存率 0.00 %

*从本月初算起到下月经营时,人员会受到两次晋升和两次辞退决策影响,请自行统筹。

下月部门人员需求

级别	职级	财务行政人事部	生产部	采购部	销售部	人员需求合计
1	初级工人	—	30	—	—	30
2	中级工人	—	10	—	—	10
3	高级工人	—	6	—	—	6
4	职员	6	1	0	1	8
5	主管	3	1	0	1	5
6	经理	3	1	0	1	5
7	总经理	—	—	—	—	1

[提交下月人员规划] [临时保存]

图1-21 下月人员规划界面

8. 辞退决策

点击"辞退决策"菜单,弹出决策界面,如图1-22所示。根据企业用工情况来进行员工的辞退,填写辞退人数,确认后点击"提交辞退决策"。

项目一　人力资源管理仿真模拟决策课程认知

辞退决策				
辞退费用（元/人）			10,000.00	
职级	现有人数（人）	可晋升人数（人）	辞退人数（人）	支付辞退费用（元）
初级工人	30	0	0	0.00
中级工人	10	0	0	0.00
高级工人	6	0	0	0.00
职员	10	0	0	0.00
主管	8	0	0	0.00
经理	6	——	0	0.00
现金储备				
操作前现金（元）	5 911 920.00	操作后现金（元）	5 911 920.00	

[提交辞退决策]　[临时保存]

图 1-22　辞退决策界面

9. 人才市场招聘

点击"人才市场招聘"菜单，弹出决策界面，如图 1-23 所示。可根据企业自身各个岗位的人才需求来进行招聘，填写招聘人数，确认后点击"提交人才市场招聘"。

人才市场招聘			
职级	市场供应总人数（人）	招聘人数（人）	支付招聘费用（元）
初级工人	无限	0	
中级工人	100	0	
高级工人	60	0	0.00
职员	20	0	
主管	10	0	
经理	4	0	
现金储备			
操作前现金（元）	5 911 920.00	操作后现金（元）	5 911 920.00

[提交人才市场招聘]　[临时保存]

图 1-23　人才市场招聘界面

10. 猎头招聘

点击"猎头招聘"菜单,弹出决策界面,如图1-24所示。可根据企业自身各个岗位的人才需求来进行招聘,填写招聘人数,确认后点击"提交猎头招聘"。

猎头招聘			
职级	猎头价格(元/人)	招聘人数(人)	招聘费用(元)
职员	7 000.00	0	0.00
主管	10 000.00	0	0.00
经理	20 000.00	0	0.00
现金储备			
操作前现金(元)	5 901 920.00	操作后现金(元)	5 901 920.00

图1-24 猎头招聘界面

11. 晋升决策

点击"晋升决策"菜单,弹出决策界面,如图1-25所示。可根据企业自身各个岗位情况来进行员工的晋升,填写晋升人数,确认后点击"提交晋升决策"。

晋升决策						
职级	总人数	财务行政人事人数	可晋升人数	辞退人数	晋升决策	晋升后人数
初级工人	30	——	0	0	0	30
中级工人	10	——	0	0	0	10
高级工人	6	——	0	0	0	6
职员	10	6	0	0	0	10
主管	8	3	0	0	0	8
经理	6	3	——	0	——	6
总经理	1					1

图1-25 晋升决策界面

12. 管理人员配置

点击"管理人员配置"菜单,弹出决策界面,如图1-26所示。可根据企业各部门情况来进行员工的分配，填写分配人数，确认后点击"提交管理人员配置"。

图1-26 管理人员配置界面

13. 生产部人员配置

点击"生产部人员配置"菜单，弹出决策界面，如图1-27所示。可根据企业的生产计划来决定生产部的员工分配和在岗状态，填写分配人数和在岗状态，确认后点击"提交生产部人员配置"。

图1-27 生产部人员配置界面

14. 销售部人员配置

点击"销售部人员配置"菜单，弹出决策界面，如图1-28所示。可根据企业的销售计划来决定销售部的员工分配和在岗状态，填写分配人数和在岗状态，确认后点击"提交销售部人员配置"。

销售部人员配置						
职级	总人数	东部市场	南部市场	北部市场	西部市场	待岗
职员	1	1	0	0	0	0
主管	1	在岗	不在岗	不在岗	不在岗	0
经理	1			在岗		0
销售系数（%）		100.00	0.00	0.00	0.00	——
季节因数			1.00			——
各产品最大销售数量						
产品		东部市场	南部市场	北部市场	西部市场	合计
塑胶玩具（件）		500	0	0	0	500
电子玩具（件）		600	0	0	0	600
智能玩具（件）		800	0	0	0	800
仿真智能玩具（件）		900	0	0	0	900

图 1 - 28　销售部人员配置界面

15. 企业文化培训

点击"企业文化培训"菜单，弹出决策界面，如图 1 - 29 所示。填写人均培训费用，确认后点击"提交企业文化培训"。

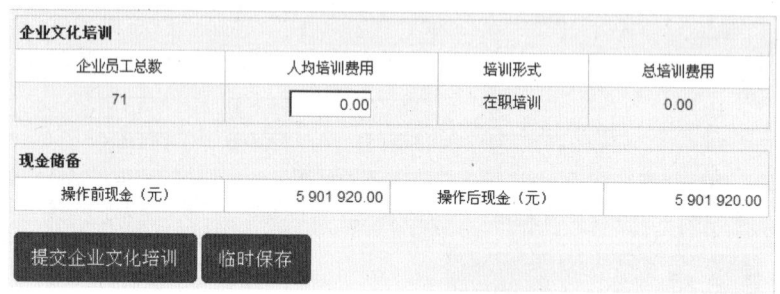

图 1 - 29　企业文化培训界面

16. 晋升培训

点击"晋升培训"菜单，弹出决策界面，如图 1 - 30 所示。填写实际培训人数，确认后点击"提交晋升培训"。

晋升培训

职级	培训形式	人均培训费用	可培训人数	实际培训人数	总培训费用
初级工人	在职培训	2000.0	30	0	0.00
中级工人	在职培训	2000.0	10	0	0.00
高级工人	脱产培训	10000.0	0	0	0.00
职员	脱产培训	10000.0	1	0	0.00
主管	脱产培训	10000.0	2	0	0.00

现金储备

操作前现金（元）	5 901 920.00	操作后现金（元）	5 901 920.00

[提交晋升培训] [临时保存]

图 1-30　晋升培训界面

17. 生产安排

点击"生产安排"菜单，弹出决策界面，如图 1-31 所示。选择各个车间的生产产品，填写实际生产数量，确认后点击"提交生产安排"。

生产排班

	车间1	车间2	车间3	车间4
生产产品	塑胶玩具	不生产	不生产	不生产
标准工时（时/件）	1.00	—	—	—
初级工人（人）	30	0	0	0
中级工人（人）	10	0	0	0
高级工人（人）	6	0	0	0
生产职员	在岗	不在岗	不在岗	不在岗
生产主管	在岗	不在岗	不在岗	不在岗
生产经理	在岗			
管理效率（%）	100.00	40.00	40.00	40.00
总有效工时（时）	6 880.00	0.00	0.00	0.00
最大产能（件）	6 880	—	—	—
实际生产数量（件）	6 880	0	0	0
实际合格率（%）	90.0			
合格产品数量（件）	6 192	—	—	—

(1)

采购

材料名称	塑料件	电子组件	智能芯片	仿真器
单位价格	20.00	15.00	20.00	15.00
采购数量	6 880	0	0	0
合计价格	137 600.00	0.00	0.00	0.00
采购职员	1			
采购主管	在岗			
采购经理	在岗			
采购价格系数	1.00			
实付金额	137 600.00	0.00	0.00	0.00

现金储备

生产前现金（元）	5 901 920.00	生产后现金（元）	5 764 320.00

[提交生产安排] [临时保存]

(2)

图1-31 生产安排界面

18. 销售决策

点击"销售决策"菜单，弹出决策界面，如图1-32所示。填写实际销售数量，确认后点击"提交销售决策"。

销售决策

	东部市场	南部市场	北部市场	西部市场	合计
销售职员	1	0	0	0	1
销售主管	在岗	不在岗	不在岗	不在岗	1
销售经理	在岗				1
销售系数（%）	100.00	0.00	0.00	0.00	—
季节因素	1.00				
塑胶玩具（件） 售价：60.00（元） 最大销售量	500	0	0	0	500
实际销售量	500	0	0	0	500
电子玩具（件） 售价：80.00（元） 最大销售量	600	0	0	0	600
实际销售量		0	0	0	0
智能玩具（件） 售价：120.00（元） 最大销售量	800	0	0	0	800
实际销售量		0	0	0	
仿真智能玩具（件） 售价：160.00（元） 最大销售量	900	0	0	0	900
实际销售量	0	0	0	0	

库存

	生产前库存	生产后库存	本月销售	销售后库存
塑胶玩具	0	6,192	500	5,692
电子玩具	0	0	0	0
智能玩具	0	0	0	0
仿真智能玩具	0			

现金储备

销售前现金（元）	5 764 320.00	销售后现金（元）	5 764 320.00

[提交销售决策] [临时保存]

图1-32 销售决策界面

19. 绩效管理

点击"绩效管理"菜单,弹出决策界面,如图1-33所示。填写绩效系数,确认后点击"提交绩效管理"。

绩效管理					
绩效工资总额(元)				0.00	
职级	人数(人)	绩效系数	总权重	岗位总绩效	人均绩效
初级工人	30	1.00	30.00	0.00	0.00
中级工人	10	1.00	10.00	0.00	0.00
高级工人	6	1.00	6.00	0.00	0.00
职员	10	1.00	10.00	0.00	0.00
主管	8	1.00	8.00	0.00	0.00
经理	6	1.00	6.00	0.00	0.00
总经理	1	1.00	1.00	0.00	0.00
提交绩效管理	临时保存				

图1-33 绩效管理界面

20. 员工工资报表

点击"员工工资报表"菜单,弹出决策界面,如图1-34所示。可以查看企业员工的工资情况,确认后点击"提交员工工资报表"。

21. 工资代扣表

点击"工资代扣表"菜单,弹出决策界面,如图1-35所示。可以查看企业员工工资的代扣情况,确认后点击"提交工资代扣表"。

22. 下月工资决策

点击"下月工资决策"菜单,弹出决策界面,如图1-36所示。填写下月的工资,确认后点击"提交下月工资决策"。

员工工资报表							
部门	职级	基本工资	绩效工资	人数	工资总额	养老保险总额（企业）	住房公积金总额（企业）
财务行政人事部	职员	3 500.00	0.00	6	21 000.00	1 680.00	2 100.00
	主管	5 000.00	0.00	3	15 000.00	1 200.00	1 500.00
	经理	7 000.00	0.00	3	21 000.00	1 680.00	2 100.00
生产部	初级工人	2 000.00	0.00	30	60 000.00	4 800.00	6 000.00
	中级工人	2 200.00	0.00	10	22 000.00	1 760.00	2 200.00
	高级工人	2 400.00	0.00	6	14 400.00	1 152.00	1 440.00
	职员	3 500.00	0.00	1	3 500.00	280.00	350.00
	主管	5 000.00	0.00	1	5 000.00	400.00	500.00
	经理	7 000.00	0.00	1	7 000.00	560.00	700.00
采购部	职员	3 500.00	0.00	1	3 500.00	280.00	350.00
	主管	5 000.00	0.00	1	5 000.00	400.00	500.00
	经理	7 000.00	0.00	1	7 000.00	560.00	700.00
销售部	职员	3 500.00	0.00	1	3 500.00	280.00	350.00
	主管	5 000.00	0.00	1	5 000.00	400.00	500.00
	经理	7 000.00	0.00	1	7 000.00	560.00	700.00
脱产培训人员	职员	3 500.00	0.00	0	0.00	0.00	0.00
	主管	5 000.00	0.00	0	0.00	0.00	0.00
待岗人员	职员	3 500.00	0.00	1	3 500.00	280.00	350.00
	主管	5 000.00	0.00	1	10 000.00	800.00	1 000.00
	经理	7 000.00	0.00	1	0.00	0.00	0.00
总经理		10 000.00	0.00	1	10 000.00	800.00	1 000.00

图1-34 员工工资报表界面

工资代扣表								
职级	人数	养老保险（个人）		住房公积金（个人）		所得税（个人）	
		人均	小计	人均	小计	人均	小计
初级工人	30	160.00	4 800.00	200.00	6 000.00	0.00	0.00
中级工人	10	176.00	1 760.00	220.00	2 200.00	0.00	0.00
高级工人	6	192.00	1 152.00	240.00	1 440.00	0.00	0.00
职员	10	280.00	2 800.00	350.00	3 500.00	0.00	0.00
主管	8	400.00	3 200.00	500.00	4 000.00	6.00	48.00
经理	6	560.00	3 360.00	700.00	4 200.00	119.00	714.00
总经理	1	800.00	800.00	1 000.00	1 000.00	385.00	385.00

图1-35 工资代扣表界面

下月工资决策					
级别	职级	职务	基准工资	本月工资	下月工资决策
1	初级工人	工人	2 000.00	2 000.00	2 000.00
2	中级工人	工人	2 200.00	2 200.00	2 200.00
3	高级工人	工人	2 400.00	2 400.00	2 400.00
4	职员	财务行政人事、生产优化、采购、销售	3 500.00	3 500.00	3 500.00
5	主管	部门、车间、采购、市场日常管理	5 000.00	5 000.00	5 000.00
6	经理	部门统筹管理	7 000.00	7 000.00	7 000.00
7	总经理	总经理	10 000.00	10 000.00	10 000.00

图1-36　下月工资决策界面

八、成绩报表

点击"团队成绩"菜单，弹出界面，如图1-37所示。可以查看各个团队的排名、成绩。

团队成绩					
团队	排名	模拟成绩	财务报表成绩	最终成绩	备注
7@21	1	100.00	0.00	100.00	正常成绩
5@21	2	97.89	0.00	97.89	正常成绩
11@21	3	0.00	0.00	0.00	未交过决策
8@21	4	95.99	0.00	95.99	正常成绩
16@21	5	93.90	0.00	93.90	正常成绩
18@21	6	93.78	0.00	93.78	正常成绩
19@21	7	93.27	0.00	93.27	正常成绩
3@21	8	93.00	0.00	93.00	正常成绩
4@21	9	92.52	0.00	92.52	正常成绩
10@21	10	92.33	0.00	92.33	正常成绩
15@21	11	91.36	0.00	91.36	正常成绩
1@21	12	90.32	0.00	90.32	正常成绩
12@21	13	89.78	0.00	89.78	正常成绩
13@21	14	89.76	0.00	89.76	正常成绩
6@21	15	86.80	0.00	86.80	正常成绩
14@21	16	86.55	0.00	86.55	正常成绩
17@21	17	86.42	0.00	86.42	正常成绩
2@21	18	81.44	0.00	81.44	正常成绩
20@21	19	69.43	0.00	69.43	正常成绩
9@21	20	50.00	0.00	50.00	正常成绩

图1-37　团队成绩界面

点击"个人成绩"菜单,弹出界面,如图1-38所示。可以查看个人成绩。

个人成绩									
姓名	班级	学号	团队	职位	团队成绩	财务报表成绩	个人成绩	综合成绩
			6@258	总经理	100.00	0.00	100.00	100.00
			6@258	招聘经理	100.00	0.00	92.41	96.96
			6@258	培训经理	100.00	0.00	53.48	81.39
			6@258	薪酬经理	100.00	0.00	89.00	95.60
			6@258	运营经理	100.00	0.00	100.00	100.00

图1-38 个人成绩界面

项目二

人力资源规划

人力资源规划是指为实施企业的发展战略，完成企业的既定目标，根据企业外部环境和内部条件的变化，运用科学的方法预测企业人力资源的需求和供给，并制订相应的政策和措施，从而使企业实现人力资源供求平衡和人员结构配置合理的过程。

人力资源规划流程如图 2-1 所示。

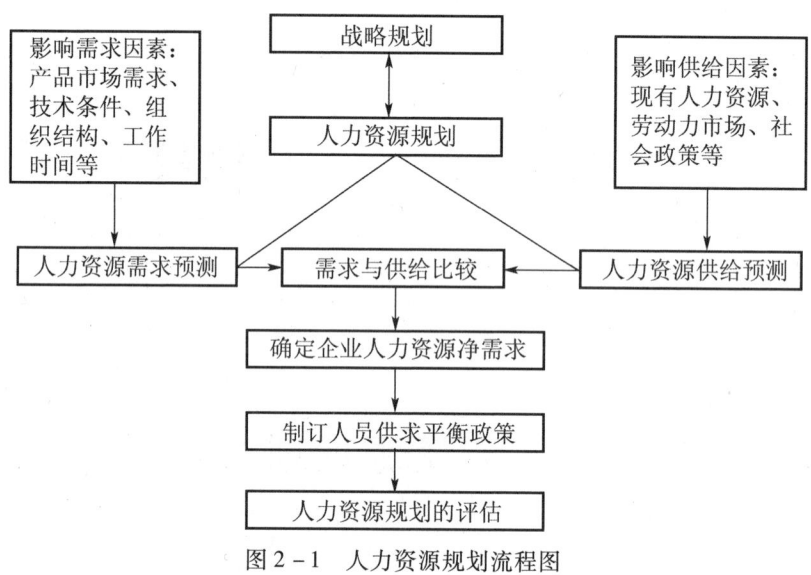

图 2-1 人力资源规划流程图

任务一 人员需求预测

【任务导入】

人员需求预测是人力资源规划的首要任务,需要综合考虑产品市场需求、技术条件、组织结构和工作时间等因素,采用合适的方法进行科学预测。

【知识链接】

人力资源需求预测的内容包括要达到企业目标所需的员工数量、层次和结构。在进行预测时,要考虑三个重要因素,即企业的目标和战略、生产力或效率的变化、工作设计或组织结构的改变。很多时候,因为所要考虑的因素复杂多变,所以得出的结果往往和实际存在一定的偏差。正因为如此,人力资源需求预测是一门艺术多于科学的技术。人力资源预测的方法多种多样,企业必须根据自身的情况选择较适合的方法。

一、人力资源需求预测的方法

人力资源需求预测的方法主要有以下几种：经验预测法、德尔菲法、劳动定额法、概率推断法、岗位职责法和比率分析法等。

1. 经验预测法

经验预测法是企业根据以往的经验来推测未来的人员需求的预测方法。这种预测方法的基本假设是：人力资源的需求与某些因素的变化存在某种关系。由于这种方法受预测者个人的经验和能力的影响较大，不同管理者的预测可能有偏差。

2. 德尔菲法

德尔菲法又叫专家预测法。该方法是通过邀请专家各自估计发展趋势，进而以书面形式提出企业人力资源需求的预测，并进行多次反复，最终使专家达成较一致的看法。

3. 劳动定额法

劳动定额法是根据企业的工作任务和劳动定额以及工时利用率来预测人力资源需求。劳动定额法主要适用于能计算员工的劳动效率和能事先预测工作任务总量的企业，特别适用于预测生产性企业一线生产工人的需求数量。其基本公式如下：

$$某类岗位人员需求数量 = \frac{计划期内工作任务总量}{某类人员的劳动效率} \quad (2-1)$$

4. 概率推断法

概率推断法主要适用于提供窗口式服务的企业预测服务人数，如预测医院的医生、银行的工作人员、连锁店的服务人员等。企业在预测工作人员需求量的时候，往往会考虑不同时段需要提供服务的人次不同，可以分时段进行统计和预测，在繁忙时段雇请临时工作人员。

5. 岗位职责法

岗位职责法主要适用于有一定岗位但是不能计算劳动定额的人员，如企业的管理人员、技术人员、修理工、保安和清洁工等。一般先根据企业的组织结构明确各项业务以及职责范围，再根据各项业务量的大小和复杂程度，结合人员的工作能力来预测需要人员的数量。

6. 比率分析法

在企业中，有些员工的需求数量和本企业一些数据存在一定的比例关系，可通过这种比例关系来预测未来人力资源的需求，即比率分析法。

二、一线生产人员需求预测

一线生产人员需求的预测通常采用劳动定额法。该方法根据计划期的生产劳动任务量、劳动效率和劳动定额等来进行人员需求预测。

1. 劳动效率和劳动定额

在人力资源管理仿真模拟决策中，每月各级工人的可用工时为200小时，其生产效率见表1-5。

生产部门的管理人员包括经理、车间主管和生产职员，为常设岗位。如果职员、主管、经理不在岗，则会因为管理不善，导致生产效率降低。具体规则见表1-6。

各产品生产的标准工时见表1-16。

2. 工时定额法预测一线生产人员

劳动定额法包括工时定额法和产量定额法，在人力资源管理仿真模拟决策中给出了工时定额，因此比较适合采用工时定额法，这种方法是根据计划期内的生产任务总量和工时定额来计算人力资源需求。需求人员的计算公式如下：

$$L = (W \times Q) / (t \times E) \qquad (2-2)$$

其中，L 为人力资源需求量，Q 为工时定额，W 为生产任务总量，t 为计划期工作时间，E 为工时利用率。

某企业4个车间下月计划生产的产品数量和生产管理人员在岗情况如表2-1所示。

表2-1 某企业4个车间下月计划生产产品数量和管理人员在岗情况表

	车间1	车间2	车间3	车间4
生产产品	塑胶玩具	电子玩具	智能玩具	仿真智能玩具
工时定额（小时/件）	1	2	4	5
计划生产数量（件）	3000	2000	1000	500
经理是否在岗	是			
主管是否在岗	是	否	是	否
职员是否在岗	是	是	否	否

根据公式（2-2）和相关规则，预测完成下月生产任务需要多少初级工人，如表2-2所示。

表2-2 初级工人需求预测

	车间1	车间2	车间3	车间4
生产产品	塑胶玩具	电子玩具	智能玩具	仿真智能玩具
①工时定额（小时/件）	1	2	4	5
②计划生产数量（件）	3000	2000	1000	500
③总工时=①×②（小时）	3000	4000	4000	2500
④经理影响效率	100%			
⑤主管影响效率	100%	50%	100%	50%
⑥职员影响效率	100%	100%	80%	80%
⑦每人可用工时（小时/人）	200	200	200	200
⑧初级工人生产效率	70%	70%	70%	70%
⑨需要工人数=③÷（④×⑤×⑥×⑦×⑧）（人）	22	58	36	45

表 2-2 预测的结果显示，完成下月的生产任务需要的初级工人数量为：车间 1 需要 22 人、车间 2 需要 58 人、车间 3 需要 36 人、车间 4 需要 45 人，共需要 161 人。该预测结果也说明了生产管理人员可能缺岗，所以需要预先做好管理人员需求的预测和培养，尽量做到经营期内管理人员均能满足岗位需求。

同样的方法可以分别预测出完成下月生产任务需要的中级工人或高级工人数量。这种预测方式的不足之处在于：如果需要对三个级别的工人进行混合安排时，预测过程比较复杂。人力资源管理仿真模拟决策训练系统中的"下月生产计划"能较好地解决这个问题。

3. 运用系统预测工人需求量

在人力资源管理仿真模拟决策训练系统中按照决策顺序点击"下月生产计划"，弹出如图 2-2 所示的决策界面，其计划与人员预测过程如下：

第一步：在生产产品行选择每个车间生产的产品，选择后弹出产品的标准工时。

第二步：分别选择生产经理和各车间主管、职员在岗情况，并得到各车间管理效率。

第三步：根据上期结果和本期决策情况，预测产品合格率，本次决策预测为 95%。

第四步：根据现有人员情况和下期人员供给情况，分别在初级工人、中级工人和高级工人行填入不同的人员数量，经过适当调整，让合格品上限略大于下月计划完成的生产数量。

第五步：如图 2-2 中，调整车间 1 生产塑胶玩具的合格品上限为 3002 件，车间 2 生产电子玩具的合格品上限为 2003 件，车间 3 生产智能玩具的合格品上限为 1004 件，车间 4 生产仿真智能玩具的合格品上限为 500 件。计划完成后，在合计栏自动汇总初级工人、中级工人、高级工人、职员、主管和经理的需求人数。

下月生产计划	车间1	车间2	车间3	车间4	合计
生产产品	塑胶玩具	电子玩具	智能玩具	仿真智能玩具	—
标准工时（时/件）	1.00	2.00	4.00	5.00	—
初级工人（人）	11	22	34	47	114
中级工人（人）	6	7	10	0	23
高级工人（人）	3	5	10	0	18
职员	在岗	不在岗	在岗	不在岗	2
主管	在岗	在岗	不在岗	不在岗	2
经理			在岗		1
管理效率	100.00%	80.00%	50.00%	40.00%	
总有效工时（时）	3 160.00	4 216.00	4 230.00	2 632.00	14 238.00
最大产能（件）	3 160	2 108	1 057	526	6 851
预测合格率			95.00 %		
合格产品上限（件）	3 002	2 003	1 004	500	6 509
计划销售量（件）	0	0	0	0	

[提交下月生产计划] [临时保存]

图 2-2　下月生产计划界面

三、销售人员需求预测

销售人员需求的预测可以采用经验法、德尔菲法或劳动定额法。在人力资源管理仿真模拟决策中，在市场中增加销售人员能扩大销售量，但是因为在同一市场存在内部竞争关系，所以增加销售人员对销售效果的影响不是呈倍数的，而是边际效应递减的，见表1-9。

销售部设经理1名，每个分市场设区域主管1名，如果销售部的主管、经理不在岗，则会因为管理不善，导致销售效率降低，具体规则见表1-10。

在人力资源管理仿真模拟决策训练系统中按照决策顺序点击"下月销售计划"，弹出如图2-3所示的决策界面，首先输入销售主管和销售经理在岗或不在岗的情况，再根据企业的发展战略确定每个产品销售计划，输入每个市场的销售职员数量，得到每个产品每个市场的预计可销售数量，调整职员数量，让每个产品的合计可销售数量略大于计划销售的数量，最后在合计栏可以得到销售职员、销售主管和销售经理的人员需求数。

下月销售计划	东部市场	南部市场	北部市场	西部市场	合计
销售职员	1	1	1	2	5
销售主管	不在岗	在岗	在岗	在岗	3
销售经理		在岗			1
销售系数（%）	50.00	100.00	100.00	169.31	——
季节因数		1.00			
塑胶玩具（件）	250	600	900	1 355	3 105
电子玩具（件）	300	500	800	1 524	3 124
智能玩具（件）	400	900	400	508	2 208
仿真智能玩具（件）	450	800	300	677	2 227

[提交下月销售计划] [临时保存]

图2-3 下月销售计划界面

四、采购人员需求预测

采购人员需求的预测可以采用比率分析法，随着生产人员的增加，需要采购原材料的数量也会呈一定比例增加，为此可以根据生产人员数量的一定比例来预测采购人员的需求。在实际工作中也可以按照实际采购金额或需采购的材料数量来预测采购人员的需求数。

在人力资源管理仿真模拟决策中，采购部人员将自觉按生产需要采购原材料来满足生产需要，适当增加采购人员数量能提升企业开发供应商和议价能力，并将以优惠的采购价格采购原材料，具体规则见表1-7。

采购部需要设置经理和主管各1名，如果缺岗会导致管理不善，最终采购的单价上升，具体规则见表1-8。

根据以上规则，在人力资源管理仿真模拟决策训练系统中，一般最少应该设置采购职员、主管和经理各1名。是否增加采购职员的数量需要对比采购职员的工资和获得优惠金额的多少而定。图2-4中，财务行政人事部的人员数是系统默认的，生产部和销售部是根据前面的计划自动汇总的人员需求，虚拟企业需要填写采购部门的人员需求。

项目二 人力资源规划

下月部门人员需求						
级别	职级	财务行政人事部	生产部	采购部	销售部	人员需求合计
1	初级工人	——	30	——	——	30
2	中级工人	——	10	——	——	10
3	高级工人	——	6	——	——	6
4	职员	6	2	1	2	11
5	主管	3	2	1	2	8
6	经理	3	1	1	1	6
7	总经理	——	——	——	——	1

【提交下月人员规划】 【临时保存】

图2-4 下月部门人员需求界面

五、招聘需求计划

编制完成各部门的人员需求计划后，需要进一步做好脱产培训和人员晋升的计划。在决策菜单"下月人员规划"中，在充分考虑本期人员晋升和期末人员流失的基础上，填写预测人员留存率，并输入高级工人、职员、主管的脱产培训人数和各级别人员的计划晋升人数，计划晋升人数是填写本级别计划向上晋升的人数。系统自动计算需要招聘人数，如图2-5所示。

下月人员规划						
预测人员留存率				0.00 %		
级别	职级	现有人数	人力资源规划（下月）			
			下月初人数	下月需求人数	脱产培训人数	计划晋升人数	需招聘人数
1	初级工人	30	0	30	——	30	60
2	中级工人	10	0	10	——	10	0
3	高级工人	6	0	6	0	0	0
4	职员	10	0	11	0	0	11
5	主管	8	0	8	0	0	8
6	经理	6	0	6	——	0	6
7	总经理	1	0	1	——	——	1

图2-5 下月人员规划界面

任务二　人员供给预测

【任务导入】

完成人力资源需求预测后，需要预测企业内部的人力资源供给情况，得出人力资源净需求，进而分析外部人力资源供给情况，以便选择合适的招聘渠道。

【知识链接】

一、人力资源供给预测概述

人力资源需求预测仅需要预测企业内部人力资源的需求，而供给预测则要研究企业内部供给和企业外部供给两个方面。

人力资源内部供给预测要考虑内部的有关条件，如员工人数，人员年龄阶段分布，技能结构分布，发展潜力，人员晋升、降职、离职、退休和新进员工的情况。核查员工填充预计的岗位空缺的能力，进而确定每个空缺职位上的接替人选。人力资源内部供给预测的具体方法包括人员核查法、技能清单、人员替换图、马尔可夫分析法等。

当企业内部的人力资源供给无法满足需要时，企业就会考虑企业外部的人力资源供给情况。外部人力资源供给预测需要考虑因素一般包括：本地区内人口总量、人力资源的结构、地区的经济发展水平、地区的教育水平、行业平均工资收入水平、劳动力的择业心态与模式、外来劳动力的数量与质量等。

二、人力资源内部供给预测

1. 人员替换图

人员替换图是 IBM 公司在 1966 年就开始实行的管理者继承计划。由于效果不错，许多公司纷纷仿效。通过人员替换图的制订和使用，可使企业不因某个人的离去而致工作受到太大的影响。

该方法是通过建立人员替换图来跟踪企业内某些职位候选人的当前绩效和晋升机会,从而预测企业内部人员供给。当前绩效一般由考核部门或上级领导确定,提升潜力则是在前者的基础上由人力资源部门通过心理测验、面谈等方式得出。

制作人员替换图的一般步骤如下:

(1) 确定人力资源规划所涉及的工作岗位范围。

(2) 确定关键岗位的接替人选。

(3) 评价接替人选目前工作的情况和是否能达到提升的要求。

(4) 确定候选人的职业发展需要,并将其个人的职业目标和企业目标相结合。

图2-6是一个管理人员替换图的示例。

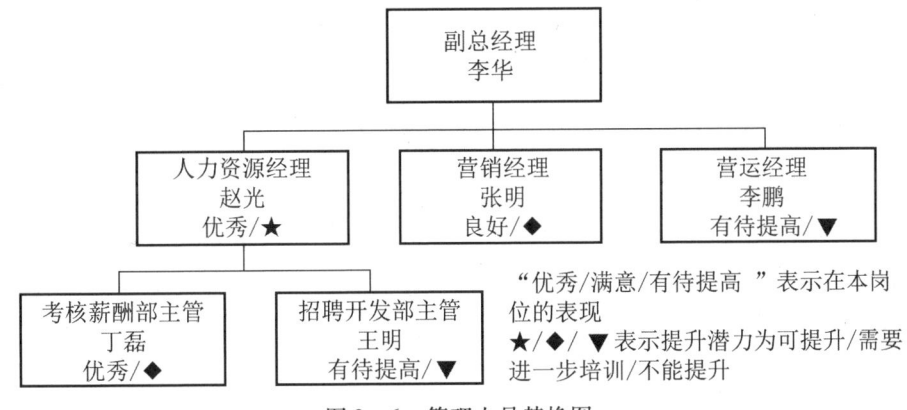

图2-6 管理人员替换图

图2-6中,副总经理李华的职位有3个预备人选,其中人力资源经理表现优秀,同时也具备提升潜力,而营销经理张明表现良好,需要进一步培训,营运经理李鹏暂时不具备提升的潜力。在管理人员替换图中,需要注意的是在本岗位的表现和提升潜力是不相等的,在企业中有很多像考核薪酬部主管丁磊那样在本职岗位非常优秀,但是还不具备提升潜力的人。在企业实际运作中,往往一个职位的空缺进行替补后,会出现一连串的替补工作,最后还是需要招聘录用一些人员,如图2-7所示。

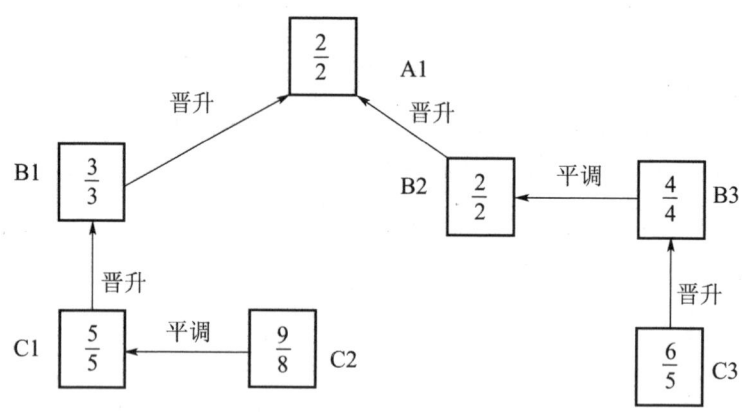

图 2-7 人员替换模型

注：图中分子表示人员需求量，分母表示人员供给量。

图 2-7 中，关键职位 A1 出现了 2 个空缺，B1，B2 作为合格的继任者晋升上去，而 B1，B2 由于晋升出现空缺，又分别由 C1 晋升和 B3 平调填补空缺，最后将空缺职位转化为基层的非关键岗位 C2 和 C3，再进行外部招聘来填补空缺。

替换图得到的是企业可以胜任关键岗位的候选人，以便在关键岗位出现空缺的时候可以通过录用或提升的方法来填补空缺。另外，企业内部的人员替补有利于调动员工的积极性。人员替换图也可以显示某些员工需要经过一段时间的培训和实践才能晋升，这样有助于员工能力的提高，又有助于保证晋升人员的高水准。当然，人员替换图并不是万能的，有些企业因为深陷困境（无论是在财务方面，还是在人事方面，抑或是其他方面），往往希望企业能在短期内有脱胎换骨的转变，因而更看重"新鲜血液"的力量。这时候企业往往会更多采用外聘高级人员的方法，而不是内部人员替补的方法。

2. 内部人员晋升预测

在人力资源管理仿真模拟决策中，获得晋升机会前需要进行晋升培训。晋升培训可提升内部员工的工作能力，使其获得晋升机会。企业通过晋升培训培养储备干部，可以避免因人才市场招聘不成功带来的经营损失或因大量的猎头招聘产生高额招聘费用。晋升培训对各级别的员工要求不同，分为两类，一类是初级工人和中级工人的晋升培训，培训形式为在职培训；另一类是高级工人、职员、主管的晋升培训，培训形式为脱产培训。具体规则见表1-13。

完成晋升培训后，可以在"晋升决策"界面查看每个级别的可晋升人数，如图2-8所示。

职级	总人数	财务行政人事人数	可晋升人数	辞退人数	晋升决策	晋升后人数
初级工人	703	——	30	0	0	703
中级工人	13	——	10	0	0	13
高级工人	7	——	0	0	0	7
职员	41	6	0	0	0	41
主管	12	3	0	0	0	12
经理	6	3	——	0	——	6
总经理	1	——	——	——	——	1

图2-8 晋升决策界面

3. 外部人员供给预测

在人力资源管理仿真模拟决策中，外部人员的供给包括从人才市场招聘和猎头招聘。人才市场会提供本期市场各级别人员供应总人数，其中初级工人供应在经营期内可以随时满足企业的需求。人才市场各级人员供给数量在"人才市场招聘"界面可以查看，如图2-9所示。猎头招聘只提供职员级、主管级、经理级的招聘，通过猎头招聘的人员在月底均能全部到位。

职级	市场供应总人数（人）	招聘人数（人）	支付招聘费用（元）
初级工人	无限	673	
中级工人	90	14	
高级工人	54	18	10 000.00
职员	18	4	
主管	9	4	
经理	4	1	

图2-9 人才市场招聘界面

人才市场的人员供应呈一定的季节周期变化，在教师端可以调节人力资源供应的季节变化，见表1-18，其中系数越小，说明人员供应的数量越少。

三、人力资源规划的平衡

人力资源供给与需求平衡包括两个方面：一个是数量方面的平衡，即供应量与需求量均衡，供求关系才能适应；另一个是人员结构方面的平衡，即供给的人力资源的结构是否合理。只有在数量和结构两方面都达到了均衡，人力资源的供求关系才能达到均衡。在对企业人力资源供求情况进行分析后，企业需要根据不同的情况，制订相应的人力资源平衡方案，以平衡人力资源供给与需求。

项目三

人员配置管理

人员配置指人力资源管理部门按各岗位的任务要求,将员工分配到企业的具体岗位上,给予员工不同的岗位,赋予他们具体的职责、权力,使他们进入工作角色,开始为实现组织目标发挥作用的过程。合理的人员配置能促进组织结构功能的有效发挥,充分开发组织的人力资源,保证组织活动的正常进行,进而实现组织的既定目标。

任务一　管理人员配置

【任务导入】

管理人员是指在组织中行使管理职能、指挥或协调他人完成具体任务的人,其工作绩效的好坏直接关系着组织的成败兴衰。做好组织管理人员的配置在人力资源管理中至关重要。

【知识链接】

一、人员配置的作用与原则

1. 人员配置的主要作用

(1) 合理的人员配置是实现组织目标的保证。组织目标和任务随着外部环境、内部条件的不断变化而变化,只有不断优化人员配置,才能适应这些变化,从而维持组织的正常运转和推动组织的发展壮大。

(2) 合理的人员配置是人尽其才的手段。人各有所长,也各有所短,只有把人放在合适的岗位上,才能充分发挥其潜能。人与事的最佳结合,不是一劳永逸的,而是动态的,需要及时进行相应的调整。

(3) 合理的人员配置是实施人力资源计划的重要途径。人力资源计划中所确立的人员培训、晋升和调整等方案,都要通过人员配置手段来实现。

(4) 人员配置是激励员工的有效手段。人员配置包括职务的升降和平行调动,职务晋升和平行调动能产生一种内在的激励,使员工产生新鲜感和应对挑战的亢奋,有利于挖掘其潜能。

(5) 人员配置是改善组织气氛的措施之一。对于风气不正的部门,可以通过人员配置来改变不良风气。

2. 人员配置的原则

(1) 经济效益原则。组织人员配置计划的拟定要以组织需要为依据,以保证经济效益的提高为前提。它不是盲目地扩大人员队伍,更不是单纯为了解决职工就业,而是为了保证组织效益的提高。

(2) 任人唯贤原则。要实事求是地发现人才、爱护人才,本着求贤若渴的精神,重视和使用确有真才实学的人。这是组织不断发展壮大、走向成功的关键。

(3) 因事择人原则。因事择人就是员工的选聘应以职位的空缺和实际工作的需要为出发点,以职位对人员的实际要求为标准,选拔、配置各类人员。

(4) 量才使用原则。量才使用就是根据每个人的能力大小而安排合适的岗位。人的差异是客观存在的,一个人只有处在最能发挥其才能的岗位上,才能干得最好。

(5) 程序化、规范化原则。员工的配置必须遵循一定的标准和程序。科学合理地确定组织员工的选拔标准和人员配置程序是组织合理使用优秀人才的重要保证,只有严格按照规定的程序和标准办事,才能让优秀人才尽心尽力为组织的发展做贡献。

(6) 动态平衡原则。处在动态环境中的组织是不断变革和发展的,组织对其成员的要求也是不断变化的,当然,工作中人的能力和知识也是在不断提高和丰富的。因此,人与事的配合需要不断进行协调、平衡。

二、人员配置的任务和程序

1. 人员配置的任务

(1) 物色合适的人选。组织各部门是在任务分工基础上设置的,不同的部门有不同的任务,工作性质也不同,必然要求具有不同的知识结构和能力结构的人与之相匹配。人员配置的首要任务就是根据岗位工作需要,经过严格的考查和科学的论证,找出或培训组织所需的各类人员。

(2) 促进组织结构功能的有效发挥。要使职务安排和设计的目标得以实现,让组织真正凝聚各方面力量,保证组织管理系统正常运行,需要把具备不同素质、能力和特长的人员分别安排在适当的岗位上。只有使人员配置尽量符合各类职务的要求,使各职务应承担的职责得到充分履行,组织设计的要求才能实现，组织结构的功能才能发挥出来。

（3）充分开发组织的人力资源。现代市场经济条件下，组织之间竞争的成败取决于人力资源的开发程度。在管理过程中，通过适当选拔、配备、使用和培训人员，可以充分挖掘每个成员的内在潜力，实现人员与工作任务的协调匹配，做到人尽其才，才尽其用，从而使人力资源得到高度开发。

2. 人员配置的程序

（1）制订用人计划，使用人计划的数量、层次和结构符合组织的目标任务和组织机构设置的要求。

（2）确定人员的来源，即确定是从外部招聘还是从内部重新调配人员。

（3）对应聘人员根据岗位标准要求进行考查，确定备选人员。

（4）确定人选，必要时进行上岗前培训，以确保能满足组织需要。

（5）将所定人选配置到合适的岗位上。

（6）对员工的业绩进行考评，并据此决定员工的续聘、调动、升迁、降职或辞退。

三、管理人员的岗位设置

在人力资源管理仿真模拟决策训练系统中虚拟企业共有6个部门，分别为生产部、营销部、采购部、财务部、行政部和人事部，其中财务行政人事部的管理人员由系统优先自动配置，生产部、采购部和营销部的管理人员需要进行调配决策。管理人员分为职员、主管、经理和总经理四个级别，其中总经理1名，在经营期内不予变动，各部门的管理人员情况如表3-1所示。

表3-1 各部门管理人员设置情况

部门	职级	主要职责	人数	说明
财务行政人事部	职员	日常事务	6	系统自动配置
	主管	管理工作	3	系统自动配置
	经理	部门经理	3	系统自动配置

续上表

部门	职级	主要职责	人数	说明
生产部	职员	生产优化	1~4	缺岗本车间效率降低为80%
	主管	车间管理	1~4	缺岗本车间效率降低为50%
	经理	部门经理	1	缺岗所有车间效率降低为80%
营销部	职员	销售产品	1~N	增加职员能增加产品销量，但效果边际效应递减
	主管	区域销售日常管理	1~4	缺岗所在区域的销售量为50%
	经理	销售部门统筹管理	1	缺岗所有区域的销售量为80%
采购部	职员	开发供应商，采购实施	1~20	增加职员可以提升供应商开发能力和议价能力，有效降低原材料价格
	主管	采购部日常管理	1	缺岗采购价格上升30%
	经理	部门统筹管理	1	缺岗采购价格上升50%

四、管理人员配置决策

在人力资源管理仿真模拟决策训练系统中，点击"管理人员配置"，弹出决策界面，如图3-1所示。该虚拟企业共有职员29人，其中财务行政人事部系统已经配置6人，生产部职员可以配置1~4人，采购部可以配置1~20人，销售部职员配置人数不限；主管的现有人数为12人，其中财务行政人事部系统已经配置3人，采购部需要配置1人，生产部可以配置1~4人，销售部可以配置1~4人；经理现有人数为6人，其中财务行政人事部配置3人，生产部、采购部和销售部各需要配置1人。管理人员的配置需要根据运营管理的成本效益进行合理优化。

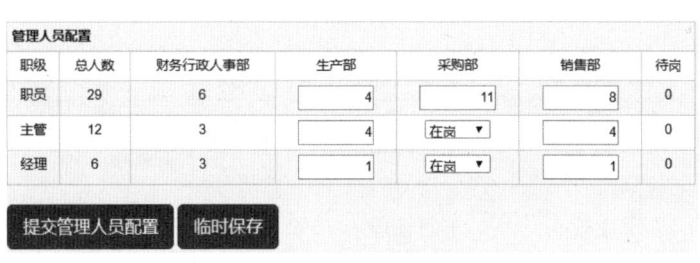

图 3-1 管理人员配置界面

任务二 销售部和生产部人员配置

【任务导入】

销售部门和生产部门是企业价值链中最为重要的部门，生产部门通过对工人劳动过程的管理实现企业增值，销售部通过产品销售让企业获取销售收入。为此，销售部门和生产部门的员工配置是否合理将直接影响企业的效益。

【知识链接】

一、生产部基本情况

生产部设部门经理 1 名，负责部门统筹管理。生产部共有 4 个生产车间，每个车间设主管 1 名，负责车间日常管理工作；设职员 1 名，负责车间生产计划、生产优化等工作。车间可以配置初级工人、中级工人、高级工人，但车间的工人数不能超过 150 人。车间工人的生产效率见表 1-5，管理人员缺岗将导致管理效率降低，具体见表 1-6。

二、销售部基本情况

销售部设部门经理 1 名，负责部门统筹管理。企业已经开发 4 个区域市场，每个市场设置区域销售主管 1 名，可以配置任意数量的职员作为销售人员。销售人员增加可以增加销售量，但因为同一个市场存在内部竞争，所以同一市场增加销售人员对销售效果的影响是边际效应递减的,具体见表1-9。如果区域销售主管缺岗和销售部经理缺岗将导致销售效率降低,具体见表1-10。

三、生产部人员配置

在人力资源管理仿真模拟决策训练系统中,点击"生产部人员配置",出现决策界面,如图3-2所示。虚拟企业共有初级工人200人、中级工人34人和高级工人17人,按照上月初制订的计划需要生产的产品数量及其需要的工时把这些工人有计划地配置到4个车间;职员4人和主管4人分别配置到4个车间,点击每个车间对应岗位所在行,选择"在岗";经理1名,在对应岗位行选择"在岗"。初步配置完成后点击"临时保存",待营销部人员配置完成后,根据生产产品数量和销售产品数量平衡的情况再适当调整人员配置,调整到满足要求后点击"提交生产部人员配置"。

生产部人员配置						
职级	总人数	车间1	车间2	车间3	车间4	待岗
初级工人	200	19	20	61	100	0
中级工人	34	4	19	10	1	0
高级工人	17	1	5	10	1	0
职员	4	在岗	在岗	在岗	在岗	0
主管	4	在岗	在岗	在岗	在岗	0
经理	1	在岗				0
有效工时	——	3 540.00	7 030.00	12 240.00	14 370.00	——

图3-2 生产部人员配置界面

四、销售部人员配置

在人力资源管理仿真模拟决策训练系统中,点击"销售部人员配置",出现决策界面,如图3-3所示。虚拟企业共有销售部职员8人,根据上月初制订的销售计划把职员配置到4个区域市场;主管4人分别配置到4个市场,点击每个市场的主管所在行,选择"在岗";经理1名,在对应岗位行选择"在岗"。初步配置完成后点击"临时保存",适当调整两个部门的人员配置,尽量让生产产品数量和销售产品数量平衡,调整到满足要求后点击"提交销售部人员配置"。

建议运用 Excel 表格编制决策辅助模型,在模型里先进行预先安排和调整,包括管理人员配置也可以根据实际情况调整,当管理团队一致认为达到最优人员配置后再填入人力资源管理仿真模拟决策训练系统。

销售部人员配置

职级	总人数	东部市场	南部市场	北部市场	西部市场	待岗
职员	8	2	2	2	2	1
主管	4	在岗	在岗	在岗	在岗	0
经理	1		在岗			0
销售系数 (%)		169.31	169.31	169.31	100.00	——
季节因数			1.00			——

各产品最大销售数量

产品	东部市场	南部市场	北部市场	西部市场	合计
塑胶玩具(件)	1 355	1 355	1 524	900	5 134
电子玩具(件)	1 355	1 355	1 355	900	4 965
智能玩具(件)	1 524	1 524	1 185	700	4 933
仿真智能玩具(件)	1 524	1 524	1 185	700	4 933

[提交销售部人员配置] [临时保存]

图 3-3 销售部人员配置界面

项目四

招聘与辞退管理

招聘与辞退管理是指运营企业依据人力资源规划和生产计划，结合企业产品质量定位等，采取有效的招聘措施及时满足企业运营所需的人力资源需求，或依据企业实际情况采取相应的措施，减少企业在岗人数的一系列管理过程。

招聘管理一般包括招聘渠道管理、招聘信息发布、简历筛选、面试管理、人才关系管理、人才库建设、录用、跟踪、效果分析等过程；辞退、裁员是人力资源经理必须处理又最难处理的工作，通常包括人员评估、书面通知、工作移交和签署解除劳动关系文件等过程。

任务一　人力资源辞退决策

【任务导入】

企业人力资源辞退决策主要受企业生产经营需求的人员数量以及企业现有人员数量的影响。请依据企业发展战略，基于企业生产计划、下月人员规划，结合虚拟企业具体情况，完成企业人力资源辞退决策。

【知识链接】

一、辞退管理概述

辞退是企业主动与员工解除劳动关系的一种活动。企业辞退员工主要基于以下三点：一是企业现有的人员数量多于企业当前的人员需求数量，即企业出现冗员现象，属于正常辞退；二是员工不能够胜任目前岗位要求，不具备相应的知识技能，培训后仍不能胜任工作岗位，导致企业需要辞退员工；三是员工违反企业的规章制度，但没有达到需要开除、除名的程度，企业需要以辞退进行处罚，属于违纪辞退。

二、辞退决策

在人力资源管理仿真模拟决策中，如果虚拟企业人员过多，可进行辞退决策。根据规则，辞退员工需支付每人10 000元的辞退费用。各企业应依据企业的发展战略，基于下月生产计划、下月人员规划，来确定企业是否需要辞退员工、辞退哪些类型的员工、辞退人数等问题。

某虚拟企业5月人员安排的初步计划如表4-1所示，根据表中的人员安排计划，职员有23人待岗，主管有2人待岗。

表 4-1 某虚拟企业 5 月人员安排计划

部门	初级工人	中级工人	高级工人	职员	主管	经理
财务行政人事部	—	—	—	6	3	3
生产部	145	13	7	3	3	1
采购部	—	—	—	4	1	1
销售部	—	—	—	9	3	0
脱产培训	—	—	—	0	0	—
待岗人员	—	—	—	23	2	0

是否辞退待岗人员，一般需要考虑以下几个因素：

（1）能否为待岗人员安排合适的工作来增加企业的收益？例如开设新车间生产更多产品或开发新市场获得更多订单，如果未来几期内增加的收益与辞退费用之和大于该员工的薪酬支出，那么应该尽量利用这些员工而不是把他们辞退。

（2）待岗的员工在人才市场上是否难于招聘？如果预计辞退后将来招聘的难度很大或者成本很高，而企业在不久的未来又有可能需要更多该类员工，则需要谨慎考虑辞退的问题。

（3）是否需要安排员工脱产培训，以储备更高级别管理人员后备人选？例如，虚拟企业的经理级员工缺岗 1 人，因此可以选择合适的主管进行脱产培训，以尽快进行补缺。

如果虚拟企业经过认真考虑，仍需要辞退 3 名待岗闲置的职员，在"辞退决策"菜单的"辞退人数"栏对应的"职员"行填写需要辞退人数 3，系统自动计算辞退费用为 30 000 元，如图 4-1 所示。

辞退决策				
辞退费用（元/人）			10,000.00	
职级	现有人数（人）	可晋升人数（人）	辞退人数（人）	支付辞退费用（元）
初级工人	145	30	0	0.00
中级工人	13	10	0	0.00
高级工人	7	0	0	0.00
职员	45	0	3	30 000.00
主管	12	1	0	0.00
经理	5	—	0	0.00
现金储备				
操作前现金（元）	5 167 615.00		操作后现金（元）	5 137 615.00

[提交辞退决策] [临时保存]

图4-1　某企业的辞退决策界面

任务二　人力资源招聘管理

【任务导入】

企业的人力资源招聘管理主要受企业人力资源内部人员供给和生产计划的人员需求影响，当内部人员供给小于人员需求时，企业就需要通过外部招聘来补充员工，以满足企业生产经营的需要。各企业需要基于本企业的未来发展战略或规划，通过人力资源规划确定各职位的人员数量，结合市场的人力资源供给情况，选择合适的招聘渠道，并分配不同岗位在各招聘渠道的招聘数量。

【知识链接】

一、人员招聘流程

招聘是企业在经营发展过程中，根据需要吸引候选人员来填补工作岗位空缺的一系列活动。企业人员招聘的一般流程如图4-2所示。

项目四 招聘与辞退管理

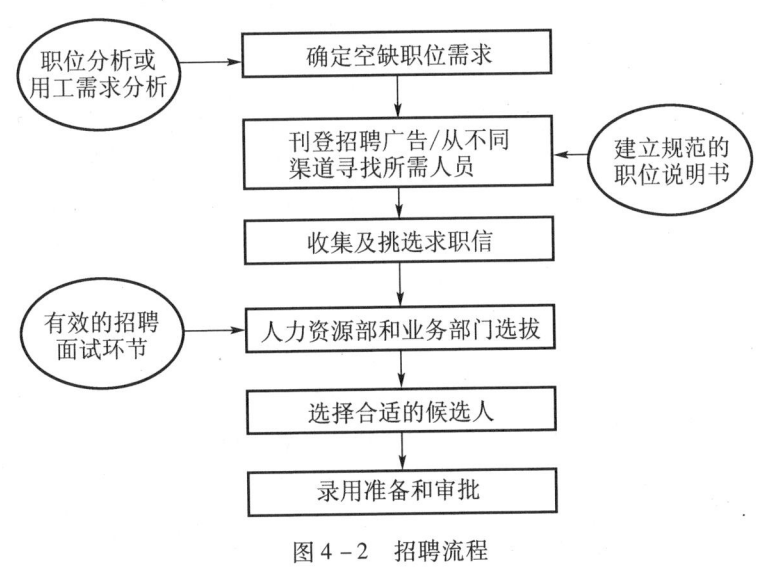

图4-2 招聘流程

二、人员招聘渠道

人员招聘有两种方式：一是外部招聘，吸收新鲜血液进入企业；二是内部招聘，主要是通过晋升、轮岗、平调等实现人员内部流动。对于企业而言，两者各有利弊，企业进行选择时要综合考虑。

人员招聘的渠道通常有：报纸、杂志、广播电视、人才招聘会、猎头公司、内部推荐、网上招聘、校园招聘。各招聘渠道的优缺点与适用范围如表4-2所示。

表4-2 各招聘渠道的优缺点及适用范围

类型	优点	缺点	适用范围
报纸	广告内容可以灵活选择，区域优势比较明显，信息分类比较详细，易于保存，便于查找	集中的招聘广告容易导致招聘竞争的出现，读者群体不稳定，招聘费用较高	区域招聘，而且有大量求职者翻看此报。比如北京的《前程无忧》

续上表

类型	优点	缺点	适用范围
杂志	专业杂志会吸引特定职业群，广告内容也比较灵活，易于保存	由于杂志发行的区域较广，广告的预约也很长	全国性招聘，且专业与杂志的风格比较一致，比如《销售与市场》
广播电视	不容易被观众忽略，对招聘的企业有更直观的了解	只能传送简单的信息。不易记忆，且由于制作精美，费用比较高	职位空缺比较多，并且需要在短时间内扩大企业的影响力，在短时间内进行"闪电式轰炸"，提高知名度的企业
人才招聘会	求职者比较集中，便于企业在非常短的时间内获取更多的人才信息，同时也能关注其他企业的相关人才获取信息	由于人员比较集中，需要大量招聘人员在现场收集资料，没有更多的时间进行现场测评	适用于招聘中、基层员工
猎头公司	猎头公司已经先对求职者进行了过滤，所以目标比较明确，减少挑选大量简历的时间	费用高，费用原则上是所聘员工3个月工资；需要解除所聘员工与原单位之间的合同	招聘中、高级管理人员和专业技术人员以及市场稀缺人员
内部推荐	招聘成本比较低、求职者信息比较透明、可靠性高	人事关系变得比较复杂，较易形成裙带关系	皆可
网上招聘	费用低、覆盖面广、广告周期长、联系方便等	要求企业有上网条件，不过如今这个问题已经基本解决	皆可

续上表

类 型	优 点	缺 点	适用范围
校园招聘	人员经历单纯、理论功底好、可靠性强	人员没有相关工作经验、上岗后需要适应	基层职位

三、人员招聘规则

人力资源管理仿真模拟决策中，企业可以通过两种外部招聘渠道招聘员工，一是人才市场招聘，二是猎头招聘，两种招聘渠道费用不同，各有优缺点。企业进入人才市场招聘需要一次性支付固定的费用。人才市场会提供本期市场各级别人员供应总人数，其中初级工人供应在经营期内可以随时满足企业的需求。企业可在系统中填入各级别人员需招聘人数，但是除了初级工人以外，其他岗位的人员能否成功招聘，受人才供应总数、虚拟企业的薪酬和盈利能力影响。猎头招聘只提供职员级、主管级、经理级的人员，招聘费用为每人收取一次费用，不同级别员工的猎头招聘费用不同，猎头招聘人员月底能全部到位。

四、人员招聘决策

1. 初步招聘计划

根据人员招聘规则，招聘需要在每个月初决策，如果招聘成功，人员将在月底到位，下个月初可以安排工作。为此，需要提前1个月进行人员规划。图4-3是某虚拟企业对下月各部门规划后的人员规划汇总情况，在"需招聘人数"栏中，初级工人需要招聘49人，中级工人需要招聘4人，高级工人需要招聘3人，主管需要招聘2人，经理需要招聘1人，职员现有人数比计划需求人数多，不需要招聘。

下月人员规划						
预测人员留存率				90.00 %		
级别	职级	现有人数	人力资源规划（下月）			
			下月初人数	下月需求人数	脱产培训人数	计划晋升人数	需招聘人数
1	初级工人	145	131	180	—	0	49
2	中级工人	13	12	16	—	0	4
3	高级工人	7	6	8	1	0	3
4	职员	45	41	28	1	0	0
5	主管	12	11	12	1	0	2
6	经理	5	5	6			1
7	总经理	1	1	1			0

图4-3 初步招聘计划

2. 调整招聘计划

编制初步招聘计划后，需要根据人才市场的供应情况进行适当调整，其中高级工人本月市场预计供应量为54人，市场共有20个虚拟企业，平均每个虚拟企业不到3人，可以调整为招聘高级工人2人，从中级工人中培训晋升1人。另外虽然初级工人的生产效率比高级工人的低，但也可以完成一定的生产任务，也可调整为招聘高级工人2名，而适当多招聘1~2名初级工人。

人才市场中主管和经理的供应分别为9人和4人，预计平均每个企业能招聘的人数少于1人。考虑到职员人数有剩余，可以在原来已经安排1名职员培训的基础上再增加2名进行脱产培训，下期可以晋升为主管。同时也可以把安排脱产培训的主管晋升为经理。经过适当调整后，需要招聘的员工都转化为相对容易招聘的初级工人和少量中、高级工人。新招聘计划如图4-4所示。

3. 实施招聘计划

确定招聘计划后，如果是在人才市场招聘员工，需要点击"人才市场招聘"决策菜单，填写需要招聘的人数，如图4-5所示。

级别	职级	现有人数	人力资源规划（下月）				
			下月初人数	下月需求人数	脱产培训人数	计划晋升人数	需招聘人数
1	初级工人	145	131	180	——	2	51
2	中级工人	13	12	16	——	1	3
3	高级工人	7	6	8	1	0	2
4	职员	45	41	25	3	3	0
5	主管	12	11	12	1	1	0
6	经理	5	5	6	——	——	0
7	总经理	1	1	1	——	——	0

下月人员规划　预测人员留存率　90.00 %

图 4-4　新招聘计划

人才市场招聘

职级	市场供应总人数（人）	招聘人数（人）	支付招聘费用（元）
初级工人	无限	51	
中级工人	90	3	
高级工人	54	2	10 000.00
职员	18	0	
主管	9	0	
经理	4	0	

现金储备

操作前现金（元）	5 167 615.00	操作后现金（元）	5 157 615.00

提交人才市场招聘　临时保存

图 4-5　人才市场招聘界面

如果虚拟企业执行的是调整前的招聘计划，并且预计人才市场主管和经理难以招聘到位，可以考虑猎头招聘，如图 4-6 所示，填写猎头招聘人数。

猎头招聘			
职级	猎头价格（元/人）	招聘人数（人）	招聘费用（元）
职员	15 000.00	0	0.00
主管	18 000.00	2	36 000.00
经理	20 000.00	1	20 000.00

现金储备			
操作前现金（元）	5 157 615.00	操作后现金（元）	5 101 615.00

提交猎头招聘　临时保存

图 4-6　猎头招聘界面

任务三　人力资源晋升管理

【任务导入】

企业需要不同级别的工人时，除了进行外部招聘外还可以进行员工内部晋升，对上期或以前完成晋升培训的人员，本期可以决策是否晋升为上一级别的员工。如果完成晋升培训，具备晋升资格的员工没有获得晋升，其流失的概率会大于没有经过晋升培训的员工。

【知识链接】

一、员工晋升概述

晋升通常是指有等级之分的职务、职称等，从低级别向高级别的升迁。企业通常会制订员工晋升制度，有明确的晋升流程，不同企业的晋升流程略有不同，但通常都包括员工申请、人力资源部门审核、晋升考核工作组评定、领导批准等环节，如图 4-7 所示。

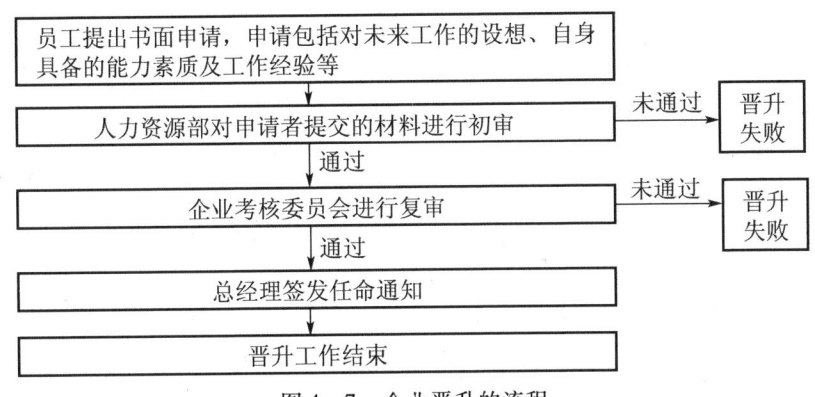

图4-7 企业晋升的流程

二、人力资源晋升决策

虚拟企业在进行晋升决策时，模拟系统会自动给出各职级员工的总人数、可晋升人数和辞退人数，虚拟企业只需要在晋升决策对应的框内输入各职级拟晋升的人员数量并提交即可，拟晋升的人员数量不能大于可晋升人数。

依据规则要求，可晋升的人员都是完成了晋升培训的员工，而晋升培训是企业根据人员需求规划安排的培训，因此，虚拟企业一般会将可晋升人数全部晋升。如果具备晋升资格的员工没有获得晋升，其流失的概率会大于不具备晋升资格的员工。在人力资源管理仿真模拟决策训练系统中点击"晋升决策"，填写每个级别的晋升人数，则本级别的人数减少，上一个级别的人数增加，如图4-8所示。

职级	总人数	财务行政人事人数	可晋升人数	辞退人数	晋升决策	晋升后人数
初级工人	145	——	30	0	30	115
中级工人	13	——	10	0	10	33
高级工人	7	——			0	17
职员	45	6	0	0	0	45
主管	12	3	1	0	1	11
经理	5	3	——	0	——	6
总经理	1					1

图4-8 晋升决策界面

项目五

人员培训管理

> 人员培训管理是人力资源管理工作的重要组成部分。培训管理由一系列的培训活动组成,包括培训需求分析、培训计划制订、培训实施及培训效果评估等环节。人员培训对外具有吸引优秀人才加入企业的效果,对内能够提高员工满意度、工作积极性和工作绩效,现代企业均应高度重视人员培训工作。

任务一　培训需求分析

【任务导入】

企业培训受到很多因素的影响，为了保证培训的针对性和培训效果，需要进行培训需求的分析。企业人力资源管理人员需要依据企业的员工效率、市场招聘情况、人员流动等动态情况，来评估企业是否需要开展培训。如果需要开展培训，是开展晋升培训，还是开展企业文化培训，并制订相应的培训决策。

【知识链接】

一、培训需求分析

培训需求分析是指在规划与设计每项培训活动之前，由培训部门使用各种方法和技术，对组织及成员的目标、知识、技能等方面进行系统的鉴别与分析，从而确定培训必要性及培训内容的过程。

培训需求分析具有很强的指导性，是确定培训目标、制订培训计划、有效地实施培训的前提，是现代培训活动的首要环节，是进行培训评估的基础，对企业的培训工作至关重要，是培训工作准确、及时和有效开展的重要保证。

1. 培训需求分析的原因

企业开展培训需求分析，一般是由工作变化、人员变化或绩效变化引起。

2. 培训需求分析的内容

一是培训需求的层次分析。包括组织层次分析、员工个人层次分析和前瞻性分析。组织层次分析主要是分析企业层面是否存在问题；员工个人层次分析主要是对员工技能要求差距进行分析，以缩小员工绩效差距；前瞻性分析主要是基于组织结构调整等对企业未来需求进行分析。

二是培训需求的对象分析。包括新员工培训需求分析和在职员工培训分析。对新员工主要是进行企业文化、规章制度、岗位操作要求等方面的分析；

对在职员工主要是进行思想态度、新技术新技能等方面的分析。

在人力资源管理仿真模拟决策训练系统中，培训需求的分析，主要是通过在公共报表中对比员工留存率、生产效率、产品合格率等指标来分析。

二、 培训需求分析实例

培训需求分析既需要结合企业自身的经营情况，也需要与竞争对手进行横向的对比分析。可以依据公共报表中的综合评分排名，对比各个企业的员工留存率、生产效率、产品合格率的得分及排名情况，为企业的培训需求分析与决策提供依据，图 5 - 1 展示了 8 月份的综合评分排名。

3月 | 4月 | 5月 | 6月 | 7月 | 8月 | 9月 | 10月 | 11月

生产、销售和利润报表 | 主要数据报表 | 人员情况表 | 综合评分排名

企业名称	排名	综合得分	上期得分	股东权益得分	净利润得分	每元工资净利润得分	人均净利润得分	员工留存率得分	生产效率得分	产品合格率得分
1@33	16	-0.227	-0.356	-1.126	-1.176	1.175	-1.409	2.301	0.101	-0.304
2@33	19	-0.868	-1.229	-2.144	0.664	-0.122	0.219	-0.567	-1.854	-0.274
3@33	13	0.100	0.427	0.568	0.178	-0.150	0.348	-0.351	-0.756	-0.257
4@33	15	-0.019	0.062	0.065	-0.313	-1.045	-0.202	0.751	0.672	-0.304
5@33	10	0.170	0.273	0.307	0.117	0.189	0.095	0.150	0.242	-0.249
6@33	8	0.255	0.147	0.568	0.452	0.398	0.534	-0.979	0.888	-0.173
7@33	3	0.363	0.157	0.384	0.449	0.621	0.615	0.171	0.959	-0.263
8@33	11	0.119	-0.018	0.767	0.402	-0.068	0.369	-0.510	-0.211	-0.287
9@33	17	-0.394	0.113	-0.878	-0.896	-1.665	-3.000	0.967	-0.819	3.000
10@33	20	-1.352	-0.828	-2.963	-3.000	-0.322	0.372	-0.833	-1.854	-0.304

图 5 - 1 综合评分排名界面

从图 5 - 1 的数据可以看出：

（1）企业 2、企业 3、企业 6、企业 8、企业 10 的员工留存率得分依次为 -0.567、-0.351、-0.979、-0.510、-0.833，均低于市场平均水平，员工流失率较高，为更好地留住员工，可以考虑开展企业文化培训。

（2）企业 2、企业 3、企业 8、企业 9、企业 10 的生产效率分别为 -1.854、-0.756、-0.211、-0.819、-1.854，均低于市场平均水平，生

产效率较低，为提高员工工作效率，同时降低员工流失率，可以考虑开展生产工人的晋升培训，提高员工的工作技能。

任务二　培训工作的组织

【任务导入】

培训工作的组织会直接影响到培训工作的最终效果。培训对象、培训内容及培训方式等的选择，是培训组织工作的重点。我们需要依据企业的经营管理情况组织培训，以确保在激烈的市场竞争中，既能提高劳动效率，又能降低企业的员工流失率。

【知识链接】

培训能增强员工对企业的归属感和主人翁责任感，培训工作的效果可以直接体现在企业的劳动效率和员工流失率上。

一、培训对象的选择

准确地选择培训对象，不仅能降低培训费用，而且能大幅度增强培训效果。在选择培训对象时，应重点考虑以下员工：新进员工、能力符合企业发展的人、有潜在能力的人，企业应根据生产经营的实际需要选择合适的培训对象。

在人力资源管理仿真模拟决策训练系统中，培训的对象分为初级工人、中级工人、高级工人、职员、主管五种。

二、培训内容的选择

员工培训的内容一般分为以下三大类：心态思想类、技能类（包含基本岗位技能和专业岗位技能）、知识类（包含管理知识、岗位技能知识、宏观行业知识等）。

三、培训的形式

培训一般分为两种形式,一是在职培训,二是脱产培训。

在职培训就是员工不脱离工作岗位,边工作边培训的培训形式。脱产培训就是员工离开工作岗位一段时间,专心接受培训的培训形式。

四、培训组织决策

企业培训的组织应立足于企业内部报表中的人员变动表,重点分析初级工人、中级工人、高级工人的人数及比例,分析各级工人的人员留存率和流失人数,并关注可晋升人数。

以某企业的人员变动表为例,如图 5-2 所示,图中显示该企业上期的人员变动中,初级工人流失 12 人,从人才市场只招到 8 人,可晋升的初级工人高达 30 人。在招聘压力较大的竞赛场景中,减少员工流失非常重要,因此,该企业需要对初级工人开展培训,通过培训,一是提高员工满意度,降低流失

人员情况表　现金记录表　费用核算　利润表　资产负债表　**人员变动表**　员工工资报表
工资代扣表　成品库存

级别	职级	月初人数	晋升人数	新晋人数	晋升培训人数	人员留存率(%)	流失人数	人才市场招聘人数	猎头猎聘人数	总人数	其中:可晋升人数
1	初级工人	169	0	—	0	92.90	12	8	—	165	30
2	中级工人	21	0	0	0	90.48	2	0	—	19	19
3	高级工人	8	0	0	0	87.50	1	0	—	7	0
4	职员	12	0	0	0	91.67	1	0	0	11	1
5	主管	10	0	0	0	90.00	1	0	0	9	0
6	经理	7	—	0	—	85.71	1	0	0	6	—
7	总经理	1								1	

图 5-2　某企业人员变动表

率；二是提高员工技能，使其晋升到中级工人，提高工作效率。中级工人、高级工人、经理的人员流失率相对较高，其培训还需要结合企业当前的生产规模以及未来是否扩张生产规模等因素，来综合考虑培训内容及人数。

晋升培训可以提升内部员工的工作能力，使其获得晋升机会。企业通过晋升培训培养储备干部，可以避免因为人才市场招聘不成功带来的经营损失或因为大量的猎头招聘产生高额招聘费用。晋升培训对各级别的员工要求不同，分为两类，一类是初级工人和中级工人的晋升培训，培训形式为在职培训；一类是高级工人、职员、主管的晋升培训，培训形式为脱产培训。

依据图5-2所示的人员变动表，企业可以在晋升培训决策中，对135位可以培训的初级工人，结合中级工人的需求及企业资金情况，确定最终实际参与培训的初级工人数量，具体决策界面如图5-3所示。

晋升培训					
职级	培训形式	人均培训费用	可培训人数	实际培训人数	总培训费用
初级工人	在职培训	2000.0	135	0	0.00
中级工人	在职培训	2000.0	0	0	0.00
高级工人	脱产培训	10000.0	0	0	0.00
职员	脱产培训	10000.0	0	0	0.00
主管	脱产培训	10000.0	0	0	0.00

现金储备			
操作前现金（元）	-2 639 004.53	操作后现金（元）	-2 639 004.53

图5-3 晋升培训界面

企业文化培训可增强员工对企业的认同感，降低员工流失率。企业文化培训的对象为全体员工，培训形式为在职培训。依据图5-2所示的人员变动表，在企业文化培训决策中，企业可以在全部员工中确定需要进行企业文化培训的人数。需结合不同层次员工的流失率、企业资金情况等，确定人均培训费用，进而确定总的培训费用，具体决策界面如图5-4所示。

企业文化培训			
企业员工总数	人均培训费用	培训形式	总培训费用
186	50.00	在职培训	9 300.00

现金储备			
操作前现金（元）	9 878 729.90	操作后现金（元）	9 869 429.90

图 5-4　企业文化培训界面

项目六

运营管理

企业运营管理是对经营战略规划的具体实施过程,通常在对市场分析、竞争对手分析、产能分析的基础上,根据企业的总体经营思路制订可行的营销计划、生产计划和采购计划,并落实执行这些计划,具体如图6-1所示。

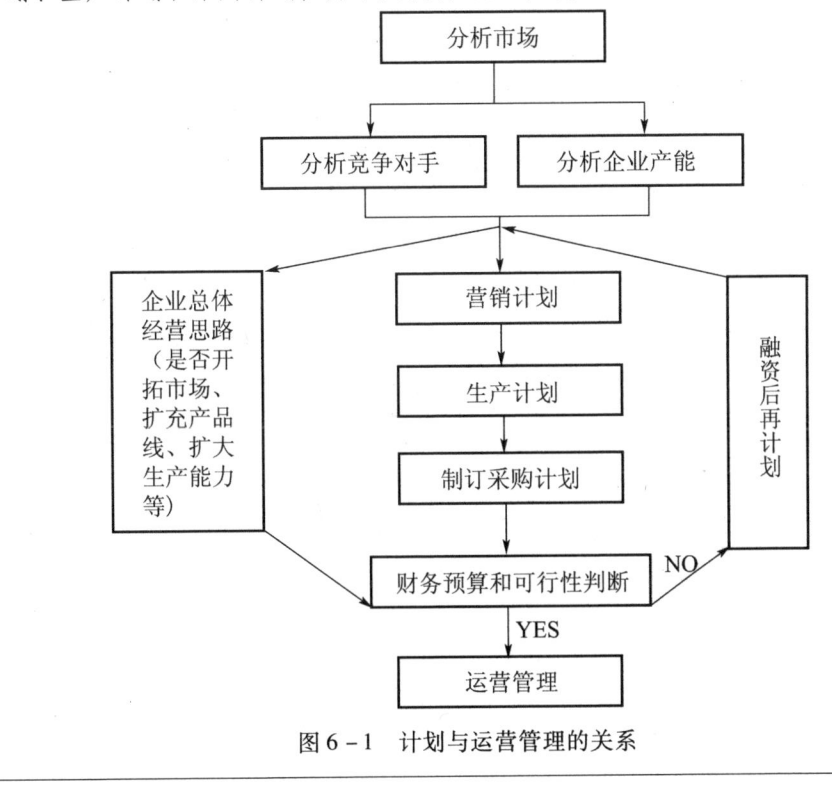

图6-1 计划与运营管理的关系

任务一　生产与采购管理

【任务导入】

企业价值链过程一般由三大部分组成：采购、生产、销售。而生产管理作为企业的增值环节，是企业能够长久发展的基石和基本保证。企业的管理模式大同小异，但是都依赖于生产管理的正常进行。生产管理的高效运行是企业能够盈利的基本前提，缺乏生产能力的企业很难在市场竞争中占有一席之地。所以，虚拟企业应该重视生产管理。由于人力资源管理仿真模拟决策更注重人力资源在企业管理中的作用，所以对采购过程进行了一定简化，原材料的采购将由系统根据生产安排的需要自动进行。

【知识链接】

一、生产管理概述

生产管理主要指的是一个企业对其生产物品或者提供服务所需的直接资源的有效管理。生产管理主要包含三大部分工作：生产计划管理工作、生产组织管理工作以及生产控制管理工作。生产管理的目标就是实现高效、低耗、灵活、准时，为客户提供满意的服务。随着当前信息化技术的不断发展，将信息化技术运用到企业生产管理的过程中，对企业生产管理水平的大幅度提升具有重要的意义，这不仅有利于企业对其生产环节、生产速度以及生产质量进行有效掌握，还可以清楚地知晓生产工人的工作绩效，不仅如此，信息化生产管理还对企业生产效率的提升、生产成本的降低以及产品质量的保障具有重要的作用。所以在人力资源管理仿真模拟决策中，生产管理的部分功能是由信息化系统辅助决策的。

二、生产安排决策

在生产管理中要提前做好生产计划。在人力资源管理仿真模拟决策中，每个月初都需要制订下月生产计划,并尽量做到生产产品数量和销售产品数量基本平衡,进一步根据制订的生产和销售计划进行人员的招聘、培训和配置工作,以便组织生产。

在生产排班决策中,生产部的工人和管理人员已经按照计划配置到位,根据上月的生产计划选择每个车间需要生产的产品,根据车间所生产产品的标准工时和车间的有效工时自动计算车间生产该产品的最大产能。制订决策需要填写每个车间的实际生产数量,填写的实际生产数量不能大于车间的最大产能。系统会根据产品的合格率得出每个车间生产合格产品的数量,如图6-2所示。

生产排班	车间1	车间2	车间3	车间4
生产产品	塑胶玩具 ▼	电子玩具 ▼	智能玩具 ▼	仿真智能玩具 ▼
标准工时(时/件)	1.00	2.00	4.00	5.00
初级工人(人)	60	110	110	120
中级工人(人)	0	0	0	34
高级工人(人)	0	0	17	0
生产职员	在岗	在岗	在岗	在岗
生产主管	在岗	在岗	在岗	在岗
生产经理	在岗			
管理效率(%)	100.00	100.00	100.00	100.00
总有效工时(时)	8 400.00	15 400.00	18 800.00	22 580.00
最大产能(件)	8 400	7 700	4 700	4 516
实际生产数量(件)	8 400	7 700	4 700	4 516
实际合格率(%)	89.50			
合格产品数量(件)	7 518	6 892	4 207	4 042

图6-2 生产排班界面

完成生产安排后,人力资源管理仿真模拟决策训练系统会根据产品的材料清单计算需要采购原材料的数量,并由采购部人员自觉安排采购,确保原材料准时到位。采购部人员的配置会影响到采购部门的供应商开发和议价能力,进而对采购价格产生影响,一般情况下,增加采购员会获得较低的价格,而采购部主管和经理缺岗,则会较大幅度提高采购的价格,如图6-3所示。

采购				
材料名称	塑料件	电子组件	智能芯片	仿真器
单位价格	20.00	15.00	20.00	15.00
采购数量	25 316	16 916	9 216	4 516
合计价格	506 320.00	253 740.00	184 320.00	67 740.00
采购职员	5			
采购主管	在岗			
采购经理	在岗			
采购价格系数	0.92			
实付金额	465 814.40	233 440.80	169 574.40	62 320.80

图 6-3 原材料采购实施界面

任务二 销售决策

【任务导入】

销售是企业价值链的终端，销售管理往往是决定企业能否生存和发展的关键。因为生产部生产的产品，只有通过市场销售出去，才能使产品资金转变为货币资金，使生产过程所消耗的劳动得到价值补偿，同时获得必要的资金积累，这样，企业才有可能继续维持和扩大生产。

【知识链接】

一、销售管理概述

市场经济的实质是竞争经济，作为市场主体的企业，要想在强手如林的市场上稳健发展，必须建立明确而稳定的市场，并不断开拓新的市场，提升营销能力。目前企业之间的竞争已经白热化，"酒香不怕巷子深"的时代早已远去，企业想要不断发展壮大，就必须不断增加销售量，如果企业将产品仅仅局限在一个市场销售，由于市场竞争激烈，销售量必然难以上升。因此，为了不断发展壮大，企业必须不断开拓新的市场，以提升企业的市场份额。同时，企业应做好区域市场的人员配置和管理，大力提升销售人员的积极性，提高销售人员的绩效。

二、销售决策

在人力资源管理仿真模拟决策中,应在每月初制订下月的销售计划,并与企业的生产计划进行平衡调整,进而根据可行的计划组织人员的招聘、培训和配置工作。而当月的销售决策是对上月计划的具体实施,根据销售职员、主管和经理的配置情况,每个区域市场的每种产品的最大销售量已经确定,需要根据当月生产产品和库存产品的数量来填报不超过最大销售量的实际销售的数量,目标是让每个市场销售的产品尽可能接近市场的最大需求数,如图6-4所示。

销售决策		东部市场	南部市场	北部市场	西部市场	合计
销售职员		7	6	6	6	25
销售主管		在岗	在岗	在岗	在岗	4
销售经理		在岗				1
销售系数(%)		294.59	279.18	279.18	279.18	—
季节因数		1.00				
塑胶玩具(件) 售价:75.00(元)	最大销售量	1 473	1 675	2 513	2 233	7 894
	实际销售量	1 473	1 675	2 513	1 857	7 518
电子玩具(件) 售价:120.00(元)	最大销售量	1 768	1 396	2 233	2 513	7 910
	实际销售量	1 768	1 396	2 233	1 495	6 892
智能玩具(件) 售价:190.00(元)	最大销售量	2 357	2 513	1 117	838	6 825
	实际销售量	2 357	1 000	110	740	4 207
仿真智能玩具(件) 售价:240.00(元)	最大销售量	2 651	2 233	838	1 117	6 839
	实际销售量	2 651	1 000	200	191	4 042

图6-4 销售决策界面

销售计划和实施的另外一个重要目标是尽量控制产品库存,应将生产出来的产品尽可能销售出去,图6-5是某企业销售前后的库存情况,其生产前库存和销售后库存均为0。

库存	生产前库存	生产后库存	本月销售	销售后库存
塑胶玩具	0	7 518	7 518	0
电子玩具	0	6 892	6 892	0
智能玩具	0	4 207	4 207	0
仿真智能玩具	0	4 042	4 042	0

图6-5 某企业销售前后的库存情况

在企业的实际运营中，如果产品一直处于零库存状态，可以减少产品资金的积压，加速资金周转，但也有可能因为产品不能满足市场需求而导致部分客户和订单流失。反之，如果产品长期存在大量的库存，虽然可以满足客户需求，但也很可能因为商品的积压导致资金周转慢，进而因为资金短缺影响了企业的发展。为此，企业应该兼顾营销管理和生产管理，让营销能力和生产能力相匹配。

项目七

薪酬与绩效管理

薪酬管理是指企业根据其所有员工提供的服务来确定他们应当得到的报酬总额以及报酬结构和报酬形式的过程。在这个过程中,企业就薪酬水平、薪酬体系、薪酬结构以及特殊员工群体的薪酬做出决策。同时,作为一种持续的组织过程,企业还要持续不断地制订薪酬计划,拟定薪酬预算,就薪酬管理问题与员工进行沟通,同时对薪酬系统的有效性做出评价而后不断予以完善。

绩效管理是指各级管理者和员工为了达到组织目标共同参与绩效计划制订、绩效辅导沟通、绩效考核评价、绩效结果应用、绩效目标提升的持续循环过程,绩效管理的目的是持续提升个人、部门和组织的绩效。绩效管理强调组织目标和个人目标的一致性,强调组织和个人同步成长,形成"多赢"局面;绩效管理体现着"以人为本"的思想,绩效管理的各个环节都需要管理者和员工的共同参与。

任务一　薪酬管理决策

【任务导入】

企业的薪酬管理是落实企业绩效管理成果，强化员工工作积极性的重要内容。企业需要依据不同的管理层级、不同的工作岗位来设定有针对性的、有激励效果的薪酬，并确定不同类别薪酬的构成比例，确定不同岗位的主要薪酬。同时，为了确保企业薪酬具有竞争力，即对外能够与竞争对手在招聘等方面竞争，对内能在留人、提高员工满意度等方面激励员工，各企业需要基于竞争、筹划、设计，确定自己的薪酬体系及薪酬构成。

【知识链接】

一、薪酬的含义

薪酬是一个综合的概念，包括员工因工作而获得的所有经济收入及福利，不仅包括直接经济收入，也包括间接经济收入和福利回报，通常由基本薪酬、可变薪酬和间接薪酬构成。基本薪酬是员工因工作而获得的较为稳定的经济报酬，通常包括等级薪酬、岗位薪酬、结构薪酬、技能薪酬和年终薪酬等类型。可变薪酬一般与绩效直接挂钩，通常称为浮动工资或奖金，主要是为了激励员工工作积极性。间接薪酬通常指员工福利，包括商业保险、企业养老计划、食宿政策、带薪休假等。

二、薪酬管理的内容

薪酬管理是指对企业薪酬有关内容进行的一系列筹划，包括对薪酬总额、薪酬结构、薪酬形式等进行管理。薪酬管理的内容详见表7–1。

表 7-1 薪酬管理的内容

薪酬管理的内容	涵 义
目标管理	薪酬如何服务企业战略及员工需要
水平管理	薪酬如何实现内部公平和外部公平的问题
体系管理	包括基础工资、绩效工资、期权期股的管理,还应考虑员工个人成长、工作成就感、良好的职业预期和就业能力等内容的管理
结构管理	包括划分合理的薪级,确定合理的级差等
制度管理	包括薪酬的设计修订程序、预算控制程序及能公开的密级等

薪酬水平和薪酬结构是人力资源管理仿真模拟决策的重点内容。

1. 薪酬水平调整

薪酬水平调整是以市场薪酬调查得到的薪酬水平为纵轴,以薪酬等级为横轴,建立各种工作岗位的薪酬市场线(图 7-1)。企业通过薪酬市场线,结合自身的薪酬目标及盈利能力,选择适合自身的薪酬水平。

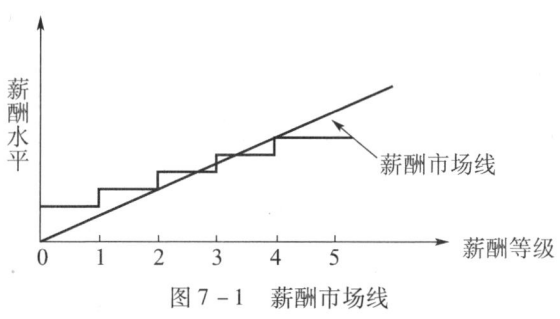

图 7-1 薪酬市场线

2. 薪酬结构调整

薪酬结构调整包括薪酬等级数目、同一岗位的薪酬等级、不同等级的薪酬水平等薪酬内容的调整。一般需要画出薪酬趋势线、薪酬结构图来形象分析,详见图 7-2、图 7-3。

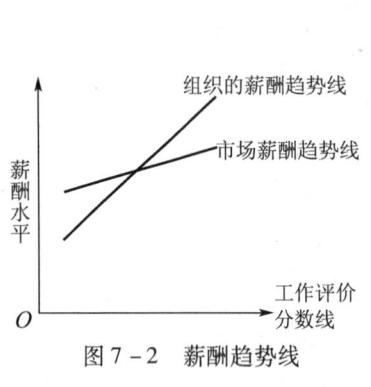

图 7-2 薪酬趋势线

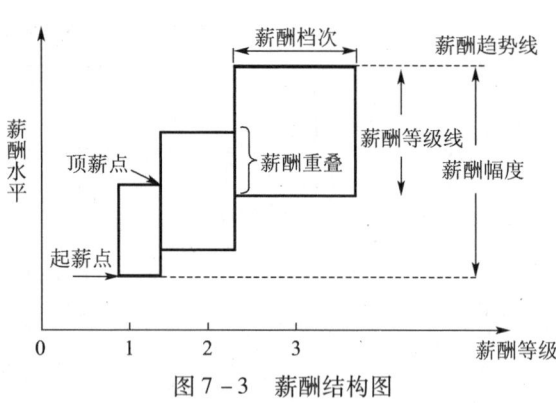

图 7-3 薪酬结构图

三、员工薪酬决策

1. 基准工资水平

虚拟企业在每一期的期末都需要对下一期每个级别的员工的基本工资进行决策，每个岗位的薪酬不能低于基准工资，并且在经营期内，每个级别的员工工资只能维持或上升，不能降低，故提升工资水平的决策需要谨慎。基准工资水平如图 7-4 所示。

级别	职级	职务	基准工资（元/月）
1	初级工人	工人	2 000.00
2	中级工人	工人	2 200.00
3	高级工人	工人	2 400.00
4	职员	财务行政人事、生产优化、采购、销售	3 500.00
5	主管	部门、车间、采购、市场日常管理	5 000.00
6	经理	部门统筹管理	7 000.00
7	总经理	总经理	10 000.00

图 7-4 基准工资水平

2. 薪酬水平的测算

如果企业的薪酬水平偏低，员工流失的概率加大，致使综合指标的员工留存率低，将导致员工招聘和培训的成本偏高；反之，如果薪酬水平太高，用人成本就会较高，将导致综合指标的每元工资净利润偏低。所以在进行薪酬决策前，需要对企业目前的薪酬水平进行测算，以便制订合理的薪酬标准。图7-5是公共报表中10个企业的主要数据报表。

序号	企业名称	上期分数	股东权益（元）	本期净利润（元）	每元工资净利润（元/元）	人均净利润率（元/人）	员工留存率（%）	生产效率（%）	产品合格率（%）
1	1@173	0.638	11 489 143.58	575 168.43	0.21	681.48	89.69	100.00	88.75
2	2@173	0.490	10 012 193.89	625 381.01	0.21	785.65	89.57	100.00	89.84
3	3@173	0.807	12 288 643.42	1 217 429.75	0.54	1 938.58	85.83	100.00	91.43
4	4@173	0.243	9 245 629.66	994 035.78	0.34	1 318.35	86.07	100.00	90.11
5	5@173	0.716	11 375 940.27	1 037 441.62	0.39	1 459.13	87.20	100.00	91.66
6	6@173	0.781	11 350 600.84	931 846.71	0.31	1 240.81	88.28	100.00	91.84
7	7@173	0.284	10 160 029.67	1 784 080.64	0.53	2 084.21	83.53	100.00	94.04
8	8@173	0.726	11 021 701.12	1 213 267.68	0.37	1 520.39	86.47	100.00	93.50
9	9@173	0.158	8 966 334.06	54 732.51	0.03	93.88	86.62	100.00	89.06
10	10@173	-0.146	4 858 990.81	-778 694.16	-0.16	-954.28	94.36	92.08	88.75

图7-5 公共报表中10个企业的主要数据报表

从主要数据报表中可以看出，企业10的员工留存率最高（94.36%），每元工资净利润最低（-0.16），说明企业10片面追求员工留存率，薪酬水平过高，企业亏损导致每元工资净利润指标最低。由于规则规定经营期内工资只能上升不能降低，所以在进行薪酬管理的时候一定要认真分析，避免工资过高给企业带来亏损。

企业7的员工留存率最低（83.53%），每元工资净利润排名第二（0.53），说明企业7薪酬水平偏低致使员工留存率不高；这同时也将导致企业的招聘和培训费用增加，建议适当提升工资水平。

3. 薪酬结构分析

对于薪酬偏高或偏低的企业，并不一定是所有级别的员工薪酬都存在问题，往往是某些级别员工的薪酬偏高或偏低，需要进一步对企业的薪酬结构进行分析。

图7-6是企业7内部报表的人员变动表，从各级别的员工留存率可以看出，中级工人留存率最高（100%），而高级工人、职员和主管的留存率均低于85%。因此建议适当提升这三个级别员工的基本工资。

人力资源管理仿真模拟决策

级别	职级	月初人数	晋升人数	新晋人数	晋升培训人数	人员留存率(%)	流失人数	人才市场招聘人数	猎头猎聘人数	总人数	其中:可晋升人数
1	初级工人	24	24	—	0	0.00	0	0	—	0	0
2	中级工人	156	153	24	27	100.00	0	5	—	32	27
3	高级工人	549	94	153	0	82.73	105	3	—	506	0
4	职员	107	0	94	0	83.58	33	1	0	169	0
5	主管	12	0	0	0	83.33	2	0	0	10	0
6	经理	7		0	0	85.71	1	0	0	6	0
7	总经理	1								1	

图 7-6 企业 7 的人员变动表

图 7-7 是企业 10 内部报表的人员变动表,从各级别的员工留存率可以看出,初、中级工人和经理的留存率最高(100%),说明这三个级别员工的工资偏高导致企业用人成本高企不下,最终导致企业亏损。

级别	职级	月初人数	晋升人数	新晋人数	晋升培训人数	人员留存率(%)	流失人数	人才市场招聘人数	猎头猎聘人数	总人数	其中:可晋升人数
1	初级工人	150	100	—	50	100.00	0	0	—	50	50
2	中级工人	118	114	100	104	100.00	0	0	—	104	104
3	高级工人	501	0	114	0	93.01	43	0	—	572	0
4	职员	30	0	0	0	93.33	2	0	0	28	1
5	主管	10	0	0	0	90.00	1	0	0	9	0
6	经理	6		0	0	100.00	0	0	0	6	0
7	总经理	1								1	

图 7-7 企业 10 的人员变动表

4. 下月薪酬管理

根据以上的分析,针对企业 7 高级工人、职员和主管薪酬偏低的情况,建议三个级别员工的工资适当提升 100 元,填写决策如图 7-8 所示。

下月薪酬管理

级别	职级	职务	基准工资	本月工资	下月薪酬管理
1	初级工人	工人	2 000.00	2 000.00	2 000.00
2	中级工人	工人	2 200.00	2 200.00	2 200.00
3	高级工人	工人	2 400.00	2 400.00	2 500.00
4	职员	财务行政人事、生产优化、采购、销售	3 500.00	3 500.00	3 600.00
5	主管	部门、车间、采购、市场日常管理	5 000.00	5 000.00	5 100.00
6	经理	部门统筹管理	7 000.00	7 000.00	7 000.00
7	总经理	总经理	10 000.00	10 000.00	10 000.00

图 7-8 企业 7 下月薪酬管理界面

任务二　绩效管理决策

【任务导入】

企业的绩效考核管理是调动企业员工工作积极性的重要环节。管理人员的管理层级不同，绩效考核的内容及侧重点不同；不同工作岗位的员工，绩效考核的内容及侧重点也不同。企业绩效考核管理需要依据考核对象的工作岗位、管理层级制订针对性的绩效管理方案。为更好地激发员工的工作积极性，需要确定企业计划分配的绩效工资总额，并确定不同级别工人、不同级别管理人员的绩效系数，进而确定各岗位的绩效工资总额，实现科学分配绩效工资、有效激励员工工作积极性。

【知识链接】

一、绩效考核概述

绩效考核就是对员工的工作状况和工作成果进行考查、测定和评价的过程。有效的绩效考核能为员工的薪酬调整、职务调整、工作培训等提供依据，也可以为上级和员工之间提供一个正式沟通的机会，促使他们相互了解和信任，同时也能让员工更好地了解自己及企业对其的期望，进而进行自我管理。在这个过程中，企业也可以及时准确地获得员工的工作信息，了解员工对企业的贡献程度，为改进企业政策提供依据。绩效考核的一般流程见图7-9。

二、绩效考核的内容

绩效考核的内容一般应包括员工完成工作的数量、质量、经济效益和社会效益等。不同岗位类型、不同管理层级的绩效考核重点有所不同。企业应该针对员工不同的工作内容、性质、结果等，确定合适的考核比重，制订适用的绩效考核方案。

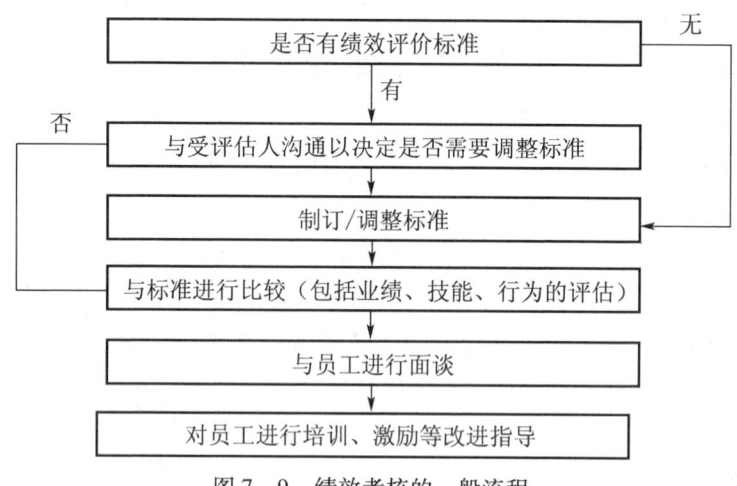

图7-9 绩效考核的一般流程

三、绩效考核决策

虚拟企业每月根据经营情况,可为各级别员工发放绩效工资,决策时填入拟发放绩效工资总额,再调整各级别员工的绩效系数,系统根据人员总数自动计算每个员工的绩效工资额,并根据实际情况适当微调绩效工资总额。在确定各级别员工绩效系数时,要保证级别高的员工的绩效工资系数大于或等于级别低的员工的绩效系数。

进行绩效考核分析时,需要将自身企业与竞争对手的经营情况进行综合对比,从而确定绩效工资的制订目标及竞争基调。绩效管理的一个重要目标是提高员工的工作积极性和满意度,主要体现在两个方面,一是产品合格率,即产品质量情况,进而影响生产成本;二是员工留存率,即影响员工流失情况。企业需要先确定绩效工资总额,然后确定各职级人员的绩效系数,系统将自动计算总权重、岗位总绩效和人均绩效,如图7-10所示。

为更好地对比分析绩效管理的效果,图7-11列出了8月份各企业的主要数据报表,表中企业5的产品合格率为89.36%,在整个市场竞争中处于较低水平。依据规则,产品的合格率受企业绩效工资的影响,企业5的产品合格率较低,说明该企业的绩效工资相对较低,需要提高。

绩效管理

职级	人数（人）	绩效系数	总权重	岗位总绩效	人均绩效
绩效工资总额（元）					499,997.66
初级工人	168	0.60	100.80	37 354.80	222.35
中级工人	-339	0.70	237.30	87 939.99	259.41
高级工人	892	0.90	802.80	297 508.76	333.53
职员	169	1.10	185.90	68 892.85	407.65
主管	10	1.20	12.00	4 447.10	444.71
经理	7	1.30	9.10	3 372.39	481.77
总经理	1	1.30	1.30	481.77	481.77

[提交绩效管理] [临时保存]

图 7-10 绩效管理界面

序号	企业名称	上期分数	股东权益（元）	本期净利润（元）	每元工资净利润（元/元）	人均净利润（元/人）	员工留存率（%）	生产效率（%）	产品合格率（%）
1	1@	-0.503	9 035 713.32	527 775.32	0.38	1 049.26	84.29	96.11	89.12
2	2@	0.964	12 662 805.33	1 948 740.78	0.62	1 946.79	87.21	100.00	90.73
3	3@	0.320	9 424 559.53	-42 661.24	-0.01	-36.94	93.59	100.00	89.30
4	4@	0.729	11 750 425.87	977,846.58	0.35	989.72	84.11	94.64	91.10
5	5@	-0.103	9 886 802.10	1 229 665.40	0.62	1 751.66	88.60	100.00	89.36
6	6@	0.528	10 633 577.98	715 939.58	0.48	1 423.34	87.28	100.00	90.26
7	7@	1.628	14 252 335.21	2 508 957.70	0.66	2 360.26	85.42	100.00	93.29
8	8@	0.177	10 943 620.20	1 844 223.72	0.75	2 251.80	84.62	100.00	89.20
9	9@	0.581	11 838 291.24	1 613 016.41	0.52	1 455.79	87.55	100.00	89.51

图 7-11 各企业主要数据报表

图 7-12 中，企业 5 的绩效管理数据显示，绩效工资总额只有 10 002.08 元，初级、中级、高级工人人均绩效均为 23.59 元，人均绩效工资较低。对比图 7-13 中企业 5 的员工工资报表可见，该企业初级、中级、高级工人的基本工资分别为 2000 元、2200 元、2400 元，绩效工资均为 23.59 元，绩效工资占比分别为 1.12%、1.06%、0.97%，比例较低，对工人的激励作用十分有限；

生产部主管、经理的基本工资分别为5000元、7000元，绩效工资均为26.21元，绩效工资占比分别为0.52%、0.37%，绩效工资占比微不足道，对管理人员的激励作用几乎可以忽略不计。

同时，该绩效工资分配没有体现职务或技能等级的差别，没有体现基层员工重保障性工资、高层员工重绩效工资的激励原则，应提高绩效工资的比例，并体现职位差别，以便提高员工留存率和产品合格率。一般而言，上期奖金高于所有企业的平均数将会提高产品质量，提升产品合格率。

« 4月 5月 6月 7月 8月 9月 10月 11月 »

序号	决策内容	状态
0	紧急借款	
1	期初收付	✓
2	筹资决策	✓
3	下月销售计划	✓
4	下月生产计划	✓
5	下月人员规划	✓
6	辞退决策	✓
7	人才市场招聘	✓
8	猎头招聘	✓
9	晋升决策	✓
10	管理人员配置	✓
11	生产部人员配置	✓
12	销售部人员配置	✓

绩效管理

绩效工资总额（元）			10,002.08		
职级	人数（人）	绩效系数	总权重	岗位总绩效	人均绩效
初级工人	130	0.90	117.00	3 066.70	23.59
中级工人	159	0.90	143.10	3 750.81	23.59
高级工人	55	0.90	49.50	1 297.45	23.59
职员	53	1.00	53.00	1 389.13	26.21
主管	12	1.00	12.00	314.52	26.21
经理	6	1.00	6.00	157.26	26.21
总经理	1	1.00	1.00	26.21	26.21

提交绩效管理　临时保存

图7－12　企业5的绩效管理报表

« 4月 5月 6月 7月 8月 9月 10月 11月 »

序号	决策内容	状态
0	紧急借款	
1	期初收付	✓
2	筹资决策	✓
3	下月销售计划	✓
4	下月生产计划	✓
5	下月人员规划	✓
6	辞退决策	✓
7	人才市场招聘	✓
8	猎头招聘	✓
9	晋升决策	✓
10	管理人员配置	✓
11	生产部人员配置	✓

员工工资报表

部门	职级	基本工资	绩效工资	人数	工资总额	养老保险总额（企业）	住房公积金总额（企业）
财务行政人事部	职员	3 500.00	26.21	6	21 157.27	2 100.00	2 100.00
	主管	5 000.00	26.21	3	15 078.63	1 500.00	1 500.00
	经理	7 000.00	26.21	3	21 078.63	2 100.00	2 100.00
生产部	初级工人	2 000.00	23.59	130	263 066.68	26 000.00	26 000.00
	中级工人	2 200.00	23.59	159	353 550.78	34 980.00	34 980.00
	高级工人	2 400.00	23.59	55	133 297.44	13 200.00	13 200.00
	职员	3 500.00	26.21	4	14 104.84	1 400.00	1 400.00
	主管	5 000.00	26.21	4	20 104.84	2 000.00	2 000.00
	经理	7 000.00	26.21	1	7 026.21	700.00	700.00

图7－13　企业5的员工工资报表

任务三 薪酬结算

【任务导入】

薪酬结算通常由人力资源部和财务部共同完成,人力资源部主要负责编制工资报表及其附表,经审核后交财务部发放工资并进行财务核算。具体由人事专员根据每月的考勤报表、奖惩报表及员工工资标准核算员工每月实发工资额。

【知识链接】

一、薪酬结算的流程

薪酬结算就是企业根据劳动合同和其他标准对员工在一定时间内的各种劳动成果进行结算,我国规定工资报酬必须给付货币。薪酬结算的一般流程如图7-14所示。

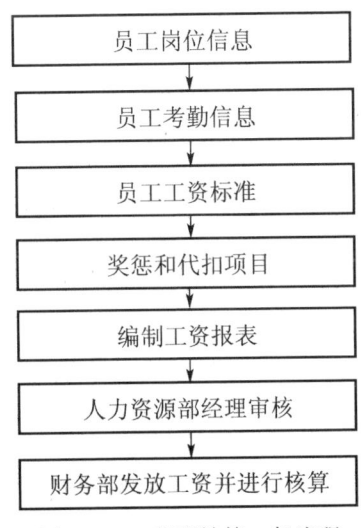

图7-14 薪酬结算一般流程

二、薪酬结算的规则

在人力资源管理仿真模拟决策中,员工工资按月结算,企业采用计时工资制,各级别人员按照企业上月制订的本月工资决策进行工资核算。

三、薪酬结算实例

在人力资源管理仿真模拟决策中,薪酬结算主要是完成员工工资报表和工资代扣表。在人力资源管理仿真模拟决策训练系统中,教师开设比赛时可以选择公开报表和不公开报表两种模式,公开报表模式下,学生只需要查看工资报表,不需要填报;在不公开报表模式下,学生才需要填写报表。

1. 员工工资报表

在人力资源管理仿真模拟决策中,员工工资报表简化为各部门的工资汇总表,其核算过程如表7-2所示。

表7-2 员工工资报表

部门	职级	基本工资①	绩效工资②	人数③	工资总额④ =(①+②)×③	养老保险总额(企业)⑤ =①×③×10%	住房公积金总额(企业)⑥ =①×③×10%
财务行政人事部	职员	3500.00	100.00	6	21 600.00	2100.00	2100.00
	主管	5000.00	100.00	3	15 300.00	1500.00	1500.00
	经理	7000.00	100.00	3	21 300.00	2100.00	2100.00
生产部	初级工人	2000.00	100.00	304	638 400.00	60 800.00	60 800.00
	中级工人	2200.00	100.00	14	32 200.00	3080.00	3080.00
	高级工人	2400.00	100.00	9	22 500.00	2160.00	2160.00
	职员	3500.00	100.00	3	10 800.00	1050.00	1050.00
	主管	5000.00	100.00	3	15 300.00	1500.00	1500.00
	经理	7000.00	100.00	1	7100.00	700.00	700.00

续上表

部门	职级	基本工资①	绩效工资②	人数③	工资总额④ =(①+②)×③	养老保险 总额（企业）⑤ =①×③×10%	住房公积金 总额（企业）⑥ =①×③×10%
采购部	职员	3500.00	100.00	2	7200.00	700.00	700.00
	主管	5000.00	100.00	1	5100.00	500.00	500.00
	经理	7000.00	100.00	1	7100.00	700.00	700.00
营销部	职员	3500.00	100.00	2	7200.00	700.00	700.00
	主管	5000.00	100.00	2	10 200.00	1000.00	1000.00
	经理	7000.00	100.00	1	7100.00	700.00	700.00
脱产培训人员	职员	3500.00	100.00	1	3600.00	350.00	350.00
	主管	5000.00	100.00	1	5100.00	500.00	500.00
待岗人员	职员	3500.00	100.00	0	0.00	0.00	0.00
	主管	5000.00	100.00	0	0.00	0.00	0.00
	经理	7000.00	100.00	1	7100.00	700.00	700.00
总经理		10 000.00	100.00	1	10 100.00	1000.00	1000.00

2. 工资代扣表

在人力资源管理仿真模拟决策中，工资代扣表是按照员工职级编制的需要从个人工资中代扣养老保险、住房公积金和个人所得税的报表，如表7-3所示。

其中：①养老保险（个人）小计 = 基本工资×8%×人数

②住房公积金（个人）小计 = 基本工资×10%×人数

个人所得税按照表1-14的规则进行计算，其中：

①经理级个人所得税小计 = （个人工资总额 - 5000元）×3%×人数

②总经理个人所得税 = （个人工资总额 - 5000元）×10% - 210元

表7-3 工资代扣表

职级	人数	养老保险（个人）		住房公积金（个人）		所得税（个人）	
		人均	小计	人均	小计	人均	小计
初级工人	304	160.00	48 640.00	200.00	60 800.00	0.00	0.00
中级工人	14	176.00	2464.00	220.00	3080.00	0.00	0.00
高级工人	9	192.00	1728.00	240.00	2160.00	0.00	0.00
职员	14	280.00	3920.00	350.00	4900.00	0.00	0.00
主管	10	400.00	4000.00	500.00	5000.00	0.00	0.00
经理	7	560.00	3920.00	700.00	4900.00	63.00	441.00
总经理	1	800.00	800.00	1000.00	1000.00	200.00	200.00

项目八

人力资源管理仿真模拟决策分析

> 运用计算机技术产生模拟的经营环境，学生在模拟的市场环境中进行人力资源管理仿真模拟决策训练，目的是训练学生在变化多端的经营环境下，面对竞争对手正确制订人力资源决策，以期达到企业的战略目标。
>
> 在人力资源管理仿真模拟决策中，由学生组建企业管理团队，在竞争环境下制订企业人力资源规划、人员配置、招聘、晋升、培训、薪酬和绩效决策，并与企业的运营管理相配合，以实现企业战略发展规划目标。通过仿真模拟决策训练可以培养学生对人力资源管理知识的综合运用能力、对人力资源管理的内外环境进行分析判断并快速做出决策的能力、组织协调能力和团队合作精神。人力资源管理仿真模拟决策课程采用以学生为中心的互动教学模式，让学生在实战中学习、领会、运用人力资源管理的知识，练习制作决策辅助工具，通过讨论、争辩、总结和汇报提升沟通能力。通过具体分析评分指标和成本效益，既能为管理团队在模拟对抗中获胜打下基础，又有利于学生掌握分析的工具和方法。

任务一 评分指标分析

【任务导入】

人力资源管理仿真模拟决策的成果可以使用一定的指标来衡量,这些指标是评判比赛成绩的主要依据。虚拟企业应该如何根据评分指标调整经营策略和决策思路,争取在比赛中获得高分呢?

【知识链接】

一、人力资源管理仿真模拟决策评分标准

人力资源管理仿真模拟决策训练系统会根据各企业的经营业绩评定一个综合成绩。为了多方位考查学生的综合能力,系统设置了多项评分指标,可以由裁判自主选择并设定评分权重。

各组得分排名评定的方法是先按各项评分指标分别计算分数,再按设定的权重计算出综合评分。每项指标分数算法是先求全部企业该指标的均值,用企业的指标减去均值,再除以该指标的标准差,如公式8-1所示。

$$z_i = (x_i - \mu)/\sigma \quad (8-1)$$

其中,z_i是企业i某项指标的得分,x_i为企业i的某一具体指标值,μ为平均值,σ为标准差。

z_i代表着原始分数和总体平均值之间的距离,是以标准差为单位计算。如果z_i为0,意味着企业的这一指标等于各企业的均值;若z_i为正,表示该指标高于平均值;若z_i为负,表示该指标低于平均值。

二、分项指标分析

人力资源管理仿真模拟决策训练系统的分数排名指标包括:上期分数、股东权益、本期净利润、每元工资净利润、人均净利润、员工留存率、生产效率、产品合格率。

1. 上期分数

上期分数的一定比例计入本期的分数。假设上期分数的20%计入本期得分，比赛5期结束，那么每一期得分计入后续比赛期的比例如表8-1所示。

表8-1 每期分数计入后续比赛期的比例

	第一期	第二期	第三期	第四期	第五期
第一期	100%	20%	4%	0.8%	0.16%
第二期	—	100%	20%	4%	0.8%
第三期	—	—	100%	20%	4%
第四期	—	—	—	100%	20%

从表中可以看出，第一期和第二期分数累积到第五期的比例仅0.16%和0.8%，可以忽略不计，而第三期和第四期的分数累积到第五期的比例分别为4%和20%。所以在制订企业发展战略时不要太注重前期的分数，而应该在前期做好战略部署，为企业后期的发展做好铺垫，争取在企业发展的中后期获得较高的分数。

2. 股东权益

股东权益 = 股本 + 未分配利润。由于所有企业的初始股本投入均一致，分数的差别主要体现在未分配利润。由于人力资源管理仿真模拟决策的虚拟时间不长，经营期内未对利润进行分配，所以股东权益得分的决定因素是经营期内的累计利润。经营者应该做好长期的经营战略，让企业在经营期内获得总利润尽可能超过竞争对手。

3. 本期净利润

营业利润 = 主营业务收入 - 经营成本费用；本期净利润 = 营业利润 + 营业外收入 - 所得税。由于人力资源管理仿真模拟决策中，营业外收入一般不发生，这样所得税和营业利润呈比例关系，所以本期净利润的主要决定因素是主营业务收入（销售收入）和成本费用。虚拟企业应该经过经营调整，设法优化人员配置，进而提高销售收入，同时降低营业成本、销售费用、管理费用和财务费用。提升销售收入和降低成本费用存在一定的矛盾，虚拟企业不能片面追求降低成本费用而忽略了市场的开发和产能的提升，导致利润难以上升。

4. 每元工资净利润

每元工资净利润＝当期净利润/当期工资总额。该指标要求虚拟企业提升员工工资的效益，希望每一元工资均能带来较高的收益。该项指标可以在提升利润的基础上通过控制员工工资水平来实现，但如果员工工资水平太低，那么员工的留存率就可能会降低。

5. 人均利润率

人均利润率＝当期净利润/当期员工总数。该指标要求虚拟企业一方面追求利润最大化，另一方面还需要控制企业的员工总数。这要求企业对员工进行合理配置，让每个人都为企业的利润指标做出贡献，避免人浮于事。加强员工的培训，让生产车间高级工人的比例尽可能上升，也能有效提升人均利润率。

6. 员工留存率

员工留存率＝1－流失率。该指标要求企业控制员工流失率。员工流失受行业总体环境和人力资源供给状况的影响。从企业内部看，员工流失的主要原因为当前工资水平偏低或企业盈利水平较低。如果提升员工工资水平，由于企业用工成本增加，企业盈利能力降低，企业对未来发展的预期降低，同样会增加员工流失率，同时会降低企业所有者权益、当期净利润、每元工资利润和人均利润率等指标得分。但是，如果员工工资水平低于平均值，员工流失率也会大幅度上升，这样就会提高招聘和培训的成本，也可能导致企业利润的降低。为此，虚拟企业需要找到合适的平衡点。

7. 生产效率

生产效率＝Σ（出产合格产品数×标准工时）/实际投入总工时。该指标要求每个车间高级工人的比例尽可能高，以提升车间生产效率。管理人员缺岗和产品合格率低也是影响该指标得分的主要因素。为此，一方面要做好管理人员的培训、配置工作，降低其流失率；另一方面需要设法提升产品合格率。

8. 产品合格率

产品合格率＝出产合格产品数/投产产品数。根据规则，产品的合格率主要受企业绩效工资的影响。提升企业的绩效工资可以提升产品合格率，但是绩效工资太高又会影响企业利润和所有者权益。所以虚拟企业应该力争做到动态平衡，兼顾利润和产品合格率的关系。

综上所述，在八项评分指标中，既有互相依存的指标，又有相互矛盾和冲突的指标，这对虚拟企业的管理者提出了更高的挑战，要求他们有更高的决策能力，才能获得最后的胜利。

任务二 人员效益分析

【任务导入】

企业的目标是利润最大化，为了实现这个目标，对各部门人员进行效益分析是很有必要的。虚拟企业需要通过人员效益分析，提升人员绩效，进而提高企业的利润，从而获得更好的经营业绩。

【知识链接】

一、生产部人员效益分析

生产部职员、主管和经理是常设岗位，缺岗均会不同程度导致管理效率降低，进而导致企业生产能力和效率降低，为此该三个级别的管理人员尽量不要缺岗。

生产部人员效益分析将重点分析三个级别工人的效益对比及产量达到多少才适合增开生产车间。

1. 工人效益分析

在人力资源管理仿真模拟决策中，初级工人效率为70%，中级工人效率为

85%，高级工人效率为100%，但这并不表示高级工人的效益就是最高的，关键需要根据三个级别工人工资水平进行综合分析。

以生产塑胶玩具为例，假设全部管理人员均在岗，所生产的产品均能以固定的价格销售，生产合格率均为90%。由于原材料成本均一致，平均每个合格产品分摊废品的成本也一致，重点考查三个级别的生产工人的人工成本，如表8-2所示。

表8-2 工人效益分析

工人级别	月可用工时/小时	生产效率/%	可用工时/小时	生产塑胶产品数（件）	合格品数（件）	每月工资（元）	平均人工成本（元/件）
初级工人	200	70	140	140	126	2000	15.87
中级工人	200	85	170	170	153	2200	14.38
高级工人	200	100	200	200	180	2400	13.33

由表8-2可以看出，高级工人的效益最高，但是如果高级工人的效率变低或者高级工人每月工资变高后，得到的结论将不完全一样。

2. 生产车间的盈亏平衡分析

在人力资源管理仿真模拟决策中，生产部一共有4个车间，在初始月份（3月）仅有一个车间在生产塑胶玩具。虚拟企业是否应该开放更多车间生产更多产品呢？因为增开车间将增加一定的成本，如果不能生产一定数量的合格品，车间将不能盈利，为此需要进行车间投产的盈亏平衡分析。

因为中级工人、高级工人的招聘人数非常有限，而将初级工人培训为中、高级工人需要一定的时间，同时三个级别工人的实际人工成本的差距并不是特别大，现以初级工人为例进行新开车间效益分析。假设车间管理人员均在岗，所生产的产品均能以固定的单价销售，生产合格率均为90%，则生产塑胶玩具、电子玩具、智能玩具和仿真智能玩具的直接成本如表8-3所示。

表8-3 初级工人生产三种玩具的直接成本

生产产品	初级工人有效工时（小时）	标准工时（小时）	生产数（件）	合格品数（件）	平均人工成本（元/件）	平均原材料成本（元/件）	平均废品成本分摊（元/件）	平均直接成本（元/件）
塑胶玩具	140	1	140	126	15.87	20	2.22	38.09
电子玩具	140	2	70	63	31.75	35	3.89	70.64
智能玩具	140	4	35	31	64.52	55	7.10	126.62
仿真智能玩具	140	5	28	25	80.00	70	8.4	158.4

由于管理人员均在岗，塑胶玩具的销售单价为75元/件，电子玩具的销售单价为120元/件，智能玩具的销售单价为190元/件，仿真智能玩具的销售单价为240元/件。新车间投产需要新增加的固定成本为1名职员和1名主管，工资共8500元，其他成本假设均按沉没成本不予计算。则车间生产四种产品盈亏平衡产量如表8-4所示。

表8-4 车间生产四种产品盈亏平衡产量

产品	新开车间成本（元）	销售单价（元）	直接成本（元/件）	每件产品贡献（元/件）	盈亏平衡产量（件）
塑胶玩具	8500.00	75.00	38.09	36.91	231
电子玩具	8500.00	120.00	70.64	49.36	173
智能玩具	8500.00	190.00	126.62	63.38	135
仿真智能玩具	8500.00	240.00	158.40	81.60	105

如果投产的车间产量大于盈亏平衡产品，那么企业应该新开车间并投产更多产品，否则建议暂时不要新开车间。

二、销售职员效益分析

在人力资源管理仿真模拟决策中，如果销售主管和经理缺岗，会降低销售部的管理效率，产品销量会大幅度降低，所以在经营期内，应尽量保证销售主管和经理在岗。现对销售职员的效益进行分析。

人力资源管理仿真模拟决策

企业增加销售职员可以增加产品的销售量,并且每个市场的销售职员数量没有限制,现以东部市场为例对销售职员的效益进行分析。东部市场在销售主管和经理均在岗的情况下,1 名销售职员可以销售的产品数量和单价如表 8-5 所示。

表 8-5 东部市场 1 名销售职员销售的产品数量和单价

产品	塑胶玩具	电子玩具	职能玩具	仿真职能玩具
单价(元)	75	120	190	240
销售数量(件)	600	700	1000	1100

以表 8-4 中每个产品在车间生产的盈亏平衡产量和单位产品贡献为基准,1~5 名销售的成本效益核算如表 8-6 所示,其中:

第 1 名销售职员产品的贡献小计 =(销售数量 − 保本数量)× 单位产品贡献;

第 2~10 名销售职员贡献小计 = 新增销售数量 × 单位产品贡献。

表 8-6 东部市场销售职员的成本效益分析

销售职员数量	产品	塑胶玩具	电子玩具	职能玩具	仿真职能玩具	收益合计
	保本数量(件)	231	173	135	105	
	单位产品贡献(元/件)	36.91	49.36	63.38	81.6	
第 1 名销售职员	销售数量(件)	600	700	1000	1100	—
	贡献小计(元)	13 619.79	26 012.72	54 823.7	81 192	175 648.21
第 2 名销售职员	销售数量(件)	415	485	693	762	
	贡献小计(元)	15 317.65	23 939.6	43 922.34	62 179.2	145 358.79
第 3 名销售职员	销售数量(件)	244	284	405	446	
	贡献小计(元)	9006.04	14 018.24	25 668.9	36 393.6	85 086.78
第 4 名销售职员	销售数量(件)	172	201	288	316	
	贡献小计(元)	6348.52	9921.36	18 253.44	25 785.6	60 308.92

续上表

第5名销售职员	销售数量（件）	134	156	223	246	—
	贡献小计（元）	4945.94	7700.16	14 133.74	20 073.6	46 853.44

从表 8-6 可以看出，假如生产部门能够生产足够产品进行销售，直到第 5 名销售职员带来的销售量的贡献仍远大于需要支付给销售职员的工资 3500 元，那么，如果产能足够还应该继续增加销售职员，直到增加销售量带来的收益不能大于其工资时为止。当然，如果企业的产能不足，则应该适当评估生产哪种产品更为合适，通常生产单位产品贡献大的产品更为有利。

三、采购职员效益分析

在人力资源管理仿真模拟决策中，如果采购职员、主管和经理缺岗，会导致采购价格上升，所以在经营期内，应该保证至少 1 名采购职员和采购主管、经理均在岗。由于增加采购职员能增加开发供应商和议价水平，为此，需要对增加采购职员的效益进行分析。假设某企业需要采购原材料的基本价为 50 万元，对增加采购职员的效益进行分析，如表 8-7 所示。

表 8-7 增加采购职员的效益分析

采购员数量	采购折扣	优惠率	原价（元）	优惠金额（元）
2	0.980 0	0.020 0	500 000.00	10 000.00
3	0.960 4	0.019 6	500 000.00	9800.00
4	0.941 2	0.019 2	500 000.00	9604.00
5	0.922 4	0.018 8	500 000.00	9411.92
6	0.903 9	0.018 4	500 000.00	9223.68
7	0.885 8	0.018 1	500 000.00	9039.21

从表 8-7 中可以看出，增加采购员带来的价格优惠效益是呈边际效应递减的，增加到 7 个采购职员时，带来的优惠金额依然大于销售员的工资成本，因此仍应该增加采购职员。

附录 1　教师端操作指南

一、系统登录管理

在浏览器输入平台系统的网址：http：//hr. bizsim. cn，出现系统登录界面，如附图 1-1 所示。

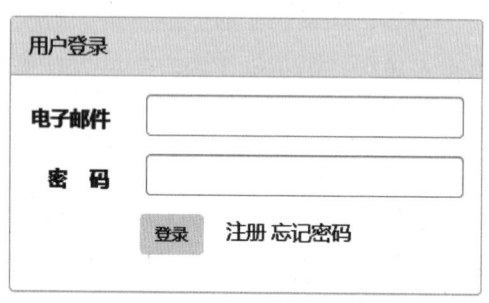

附图 1-1　登录界面

（1）赛区教师输入审批的账号和密码进入系统，暂时没有申请赛区管理员账号的教师可以使用测试账号：test1＠ bizsim. cn，密码：test1。

（2）教师和学生可以通过注册获得账号，但是如果需要管理赛区功能，需要填写附录 2 中的申请表来申请赛区管理员账号。

（3）忘记密码可以点击"忘记密码"找回密码。

二、赛区管理

教师登录进入系统界面后点击左上角的"网络对抗"，屏幕中间显示赛区信息，如附图 1-2 所示。

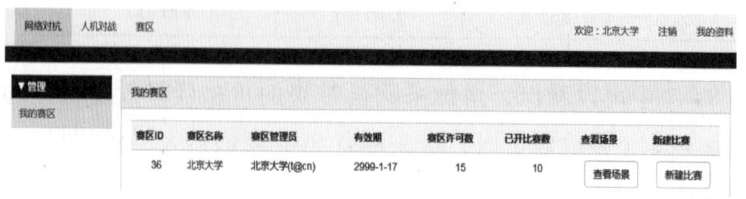

附图 1-2　赛区信息界面

1. 新建比赛

点击附图 1-2 中的"新建比赛",弹出新建比赛对话框,如附图 1-3 所示。

附图 1-3 新建比赛对话框

输入比赛名称、比赛描述,选择比赛期数和比赛类型,如果选择现场教学,系统自动创建指定数目的队伍(所有用户的初始密码均为 bizsim),如果选择第二课堂(学科竞赛),则不自动创建参赛队伍,而由学生自己注册后报名参赛。报名密码可以选填,若设置密码可以告诉学生凭密码报名参赛,若不设置密码,则学生报名后老师审批通过。

结合专业可以选择工资报表公开和工资报表不公开,不公开工资报表的比赛,学生需要填写提交工资报表,完成全部决策后,教师进行系统模拟才能在企业内部信息中查看工资报表。

填写好相关信息后,点击保存。

2. 进入比赛

创建比赛完成后，在"我的赛区"查看创建的比赛信息，如附图1－4所示。

附图1－4　赛区信息

点击"进入管理"，出现比赛管理操作界面，如附图1－5所示。

附图1－5　比赛管理操作界面

教师可在比赛管理操作界面进行比赛管理、成绩管理、借款审批、决策模拟，同时可查看公共报表、参数列表、团队成绩和个人成绩。

三、赛区参数设置

点击"比赛管理"，进入比赛管理设置界面，如附图1－6所示。

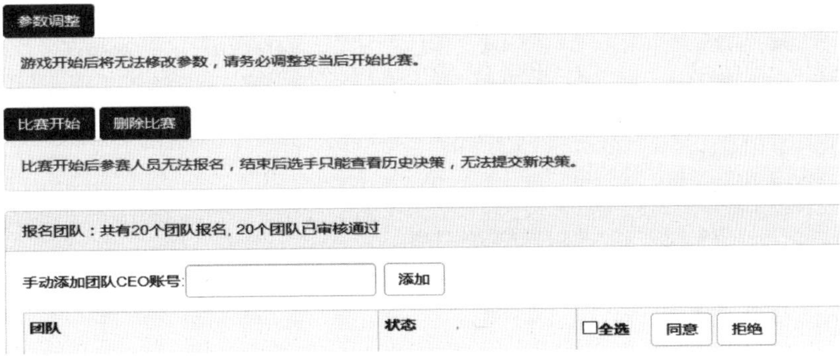

附图1-6 比赛管理设置界面

教师需提前设置好赛区参数调整，一旦比赛开始将无法再进行修改；比赛一旦开始，也无法中途添加团队参与比赛，所以在比赛之前需确定报名团队都已报名成功。

点击"参数调整"进入参数设置，可设置场景名称、工人工资与初始人数、产品构成、原材料、产品基础需求、市场需求季节因数、产品生产工时与销售价格、招聘参数、人才市场各类人员供应数量、人才市场供应季节因数、工人生产效率、生产管理效率、采购员议价能力、采购管理效率、销售职员效率加成、销售管理效率、培训费用、管理参数、个人所得税、企业参数、评分权重。

1. 场景名称

可进行场景名称命名，如附图1-7所示。

附图1-7 场景名称

2. 工人工资与初始人数

可进行比赛开始时工人的初始工资和人数的设置，工人分为初级工人、中级工人、高级工人、职员、主管、经理、总经理，如附图1-8所示。

工人工资与初始人数

级别	职级	职务	基准工资（元/月）	初始人数（人）
1	初级工人	工人	2 000.00	30
2	中级工人	工人	2 200.00	10
3	高级工人	工人	2 400.00	6
4	职员	财务行政人事、生产优化、采购、销售	3 500.00	10
5	主管	部门、车间、采购、市场日常管理	5 000.00	8
6	经理	部门统筹管理	7 000.00	6
7	总经理	总经理	10 000.00	1

附图1-8 工人工资与初始人数界面

3. 产品构成

可在产品构成界面设置产品的构成需求，产品分为塑料玩具、电子玩具、智能玩具、仿真智能玩具，如附图1-9所示。

产品构成

	塑料件	电子组件	智能芯片	仿真器
塑胶玩具	1	0	0	0
电子玩具	1	1	0	0
智能玩具	1	1	1	0
仿真智能玩具	1	1	1	1

附图1-9 产品构成界面

4. 原材料

在原材料设置界面设置原材料的价格，原材料为塑料件、电子组件、智能芯片、仿真器，如附图1-10所示。

原材料

原料	塑料件	电子组件	智能芯片	仿真器
单价（元）	20.00	15.00	20.00	15.00

附图1-10 原材料界面

5. 产品基础需求

在产品基础需求界面设置各个市场对不同产品的基础需求量，市场分为东部市场、南部市场、北部市场、西部市场，如附图1-11所示。

产品基础需求

	东部市场	南部市场	北部市场	西部市场
塑胶玩具	500	600	900	800
电子玩具	600	500	800	900
智能玩具	800	900	400	300
仿真智能玩具	900	800	300	400

附图1-11　产品基础需求界面

6. 市场需求季节因数

设置市场需求季节因数可影响不同季节市场对于产品的需求变化，如附图1-12所示。

市场需求季节因数

	1月	2月	3月	4月	5月	6月
因数	1.00	1.00	1.00	1.00	1.00	1.00
	7月	8月	9月	10月	11月	12月
因数	1.00	1.00	1.00	1.00	1.00	1.00

附图1-12　市场需求季节因数界面

7. 产品生产工时与销售价格

设置不同产品进行生产时的标准生产工时（小时）和销售时的销售价格（元），如附图1-13所示。

产品生产工时与销售价格

	标准生产工时（小时）	销售价格（元）
塑胶玩具	1.00	60.00
电子玩具	2.00	80.00
智能玩具	4.00	120.00
仿真智能玩具	5.00	160.00

附图1-13　产品生产工时与销售价格界面

8. 招聘参数界面

可设置招聘的费用、辞退费用、招聘难度及招聘权重基本工资与企业净利润的比值，如附图1-14所示。

招聘参数

	费用	备注
人才交流中心招聘费用（元/次）	10 000.00	招聘人数不限
猎头招聘职员（元/人）	7 000.00	
猎头招聘主管（元/人）	10 000.00	
猎头招聘经理（元/人）	20 000.00	
辞退费用（元/人）	10 000.00	提前一个月辞退
招聘难度	1.00	人才市场供应人才数量与招聘难度成反比
招聘权重基本工资与企业净利润的比值	1.00	比值越大，基本工资越重要；比值越小，企业净利润越重要

附图1-14 招聘参数界

9. 人才市场各类人员供应数量

可设置平均每家公司每个月各职级人员的供应数量，初级工人为不限，如附图1-15所示。

人才市场各类人员供应数量

级别	职级	平均每家公司供应数量（人/月）
1	初级工人	不限
2	中级工人	5.00
3	高级工人	3.00
4	职员	1.00
5	主管	0.50
6	经理	0.20

附图1-15 人才市场各类人员供应数量界面

10. 人才市场供应季节因数

设置人才市场供应季节因数可影响不同季节人才市场对于人员的供应变化,如附图 1-16 所示。

人才市场供应季节因数

	1月	2月	3月	4月	5月	6月
因数	1.00	1.00	1.00	0.90	0.90	0.90
	7月	8月	9月	10月	11月	12月
因数	0.80	0.80	0.80	0.60	0.60	0.60

附图 1-16 人才市场供应季节因数界面

11. 工人生产效率

可设置初级工人、中级工人、高级工人的生产效率,如附图 1-17 所示。

工人生产效率

	生产效率(%)
初级工人	70.00
中级工人	80.00
高级工人	90.00

附图 1-17 工人生产效率界面

12. 生产管理效率

设置生产管理人员的管理效率,岗位为常设,缺岗会导致生产效率下降,如附图 1-18 所示。

生产管理效率

	职位说明	配置说明	缺岗生产效率(%)
职员	生产优化	常设,缺岗生产效率降低	80.00
主管	车间管理	常设,缺岗生产效率降低	50.00
经理	部门经理	常设,缺岗生产效率降低	80.00

附图 1-18 生产管理效率界面

13. 采购员议价能力

设置采购员的议价能力可影响原材料采购产生的费用,如附图 1 – 19 所示。

采购员议价能力

系数 K_1	采购职员人数	0	1	2	N
0.02	采购价格系数	1.10	1.00	0.98	$(1-0.02)^{\wedge}(N-1)$

附图 1 – 19 采购员议价能力界面

14. 采购管理效率

设置采购管理人员的管理效率,会影响采购的价格,岗位为常设,缺岗会导致采购价格上升,如附图 1 – 20 所示。

采购管理效率

	职位说明	配置说明	缺岗采购效率(%)
主管	采购部门日常管理	常设,缺岗采购价格上升	30.00
经理	采购部门统筹管理	常设,缺岗采购价格上升	50.00

附图 1 – 20 采购管理效率界面

15. 销售职员效率加成

设置销售职员效率加成系数 K_2,可影响销售职员人数和销售订单倍数,如附图 1 – 21 所示。

销售员效率加成

系数 K_2	销售职员人数	0	1	2	N
1.00	销售订单倍数	0.00	1.00	1.69	$1 + 1.00 * \ln(N)$

注:其中 ln() 为自然数,以 e≈2.718281828 为底数。

附图 1 – 21 销售职员效率加成界面

16. 销售管理效率

设置销售管理人员的管理效率可影响销售效率,岗位为常设,一旦缺岗会导致销售效率的降低,如附图 1 – 22 所示。

销售管理效率			
职位说明	配置说明		缺岗销售效率(%)
主管	销售部门日常管理	常设,缺岗销售效率降低	50.00
经理	销售部门统筹管理	常设,缺岗销售效率降低	80.00

附图1-22 销售管理效率界面

17. 培训费用

培训类型分为企业文化培训和晋升培训,可设置人均培训费用,如附图1-23所示。

培训费用			
培训类型	培训对象	培训形式	人均培训费用(元/人)
企业文化培训	全体员工	在职培训	50.00
晋升培训	初级工人、中级工人	在职培训	2 000.00
	高级工人、职员、主管	脱产培训	10 000.00

附图1-23 培训费用界面

18. 管理参数

可设置管理参数的数值,管理参数分为所得税税率、贷款利率、长期贷款额度、短期贷款额度、养老保险企业缴费、养老保险个人缴费、住房公积金企业缴费、住房公积金个人缴费、管理费用、平均人员留存率、平均产品合格率、每人每月工时、待晋升人员流失系数,如附图1-24所示。

19. 个人所得税

可设置个税免征额(元)和全月应纳税所得额(元)及税率(%),如附图1-25所示。

20. 企业参数

可设置企业的基础参数,分为厂房价格、普通股股本、第0期末现金、财务行政人事部职员人数、财务行政人事部主管人数、财务行政人事部经理人数,如附图1-26所示。

管理参数

项目	数值	计算依据
所得税率（0%~100%）	25.00	税前净利润
贷款利率（0.5%~3.0%）	0.50	每月
长期贷款额度（0%~）	50.00	上期所有者权益
短期贷款额度（0%~）	50.00	上期总资产
养老保险企业缴费（0%~）	10.00	基本工资
养老保险个人缴费（0%~100%）	8.00	基本工资
住房公积金企业缴费（0%~）	10.00	基本工资
住房公积金个人缴费（0%~100%）	10.00	基本工资
管理费用（元）	100,000.00	
平均人员留存率（0%~100%）	80.00	
平均产品合格率（0%~100%）	90.00	
每人每月工时（80时~300时）	200.00	
待晋升人员流失系数（>0）	1.00	

附图1-24 管理参数界面

个人所得税

	个税免征额（元）			3,500.00
级数	全月应纳税所得额（元）		税率（%）	速算扣除数（元）
1	0.0	至 1 500.00	3.00	0.00
2	1 500.00	至 4 500.00	10.00	105.00
3	4 500.00	至 9 000.00	20.00	555.00
4	9 000.00	至 35 000.00	25.00	1 005.00
5	35 000.00	至 55 000.00	30.00	2 755.00
6	55 000.00	至 80 000.00	35.00	5 505.00
7	80 000.00	以上	45.00	13 505.00

附图1-25 个人所得税界面

企业参数

项目	数值
厂房价格（元）	1 000 000.00
普通股股本（元）	10 000 000.00
第0期末现金（元）	6 250 000.00
财务行政人事部职员（人）	6
财务行政人事部主管（人）	3
财务行政人事部经理（人）	3

附图1-26 企业参数界面

21. 评分权重

设置评分权重可对学生操作结果进行分项权重评分,考核学生各方面的能力,是成绩考评的重要指标。评分指标分为上期分数、股东权益、本期净利润、每元工资净利润、人均净利润、员工留存率、生产效率、产品合格率,如附图 1-27 所示。

评分指标	权重(%)
上期分数	20.00
股东权益	20.00
本期净利润	10.00
每元工资净利润	10.00
人均净利润	10.00
员工留存率	10.00
生产效率	10.00
产品合格率	10.00
权重总和(%)	100.00

*注:设置权重时可以用任意方便的数值,例如2:2:1:0……,系统会自动保存为总和为100%。

附图 1-27 评分权重界面

四、成绩管理

教师可在成绩管理界面设置评分标准,设置最高分、最低分、团队成绩比例和个人成绩比例,选择成绩是否公开。

五、借款审批

在团队操作过程中出现资金不足时,可选择借款,这时需要教师根据情况确定是否批准,点击"批准",申请团队获得一期紧急借款,如附图 1-28 所示。

期数	团队	额度	状态	审批
1	1@32	1 000.00	未审批	批准 拒绝

附图 1-28 借款审批界面

六、决策模拟

当所有参赛队伍都提交决策（以提交下月工资决策为准）或到了比赛指定的时间，赛区教师应该进行决策模拟，以便系统给出各种报表、计算各企业得分排名等。

1. 进入决策模拟界面

点击附图1-29左侧"比赛管理"—"决策模拟"菜单，进入决策模拟界面，可进行模拟、检查决策及回退操作，如附图1-29所示。

附图1-29 决策模拟界面

2. 检查决策

在模拟之前，教师可点击"检查决策"对学生团队决策提交情况进行查看和相关操作，如附图1-30所示。

附图1-30 检查决策界面

3. 进行系统模拟

如果所有企业都已经提交决策或已到约定的模拟时间，教师点击附图1-29中操作栏的"模拟"，如果还有企业没有提交决策，系统会在右侧提示"尚有企业没有完成决策，要使用默认数据填充并开始模拟，请点击提交"。

如所有企业都已经提交决策，或确定使用默认数据填充未提交企业的决策，系统在模拟运行完成后，在右侧提示"模拟第 N 期比赛成功"。

完成系统模拟后，各企业可以查看模拟结果，包括分数排名、各企业报表、公共信息等企业信息。

七、 其他功能

1. 查看公共报表

点击附图1-29左侧菜单中的"公共报表"，在主界面可以看到生产报表、销售和利润报表、主要数据报表、人员情况表、综合评分排名等信息。

2. 团队成绩及个人成绩

教师可在成绩报表查看学生的团队成绩及个人成绩，团队成绩由模拟成绩和财务报表成绩组成；个人成绩由团队成绩、工资报表成绩及个人成绩组成。

附录2　人力资源管理仿真模拟决策训练系统赛区使用申请表

人力资源管理仿真模拟决策训练系统赛区使用申请表

学校名称			
学校网站			
指导老师姓名		指导老师职务	
指导老师电话		指导老师邮箱	
申请人姓名		申请人职务	
申请人电话		申请人邮箱	
申请产品编号	[从右边选择填写]	BIZ-rl201802	2个赛区许可，使用期限为3个月
		BIZ-rl201804	4个赛区许可，使用期限为3个月
申请赛区用途			
通讯地址/邮编			
注意事项： 1) 请填写本申请表，拍照或扫描并发送到赛创新港公司邮箱：19317877@qq.com； 2) 由学校指导老师联系邓老师（15650717050），确定申请开通赛区管理员账号，我们将会尽快给予信息反馈。			

说明：

(1) 赛区管理员（教师）账号权限：可以新建比赛、管理比赛、控制比赛进度等；每所学校的每个二级院系仅可申请开通1个赛区管理员账号，用于组织校内练习赛。如果一个学校多个学院/系开设课程，学校教师相应可以申请多个赛区管理员（教师）账号，同时所有赛区使用期限均为3个月。

(2) 填写该表后，请注意把该文件名称修改为："学校简称+申请人姓名+人力资源赛区申请表"。

(3) 在申请学校赛区前可以使用体验赛区，全国公共试用账户：test1@bizsim.cn，密码：test1。